ADOLESCENCE ET SUICIDE

Collection La vie de l'enfant

Voir en fin d'ouvrage
la liste des titres disponibles

LA VIE DE L'ENFANT
Collection dirigée par Michel Soulé

Sous la direction de Huguette CAGLAR
avec
François LADAME, Ginette RAIMBAULT
Mounir H. SAMY

ADOLESCENCE ET SUICIDE

Épidémiologie, psychodynamique, interventions

Les Éditions E S F
17, rue Viète, 75017 Paris

L'illustration de la couverture est l'œuvre originale d'Antoine Dumas, peintre québécois, professeur à la Faculté des Arts Visuels de l'Université Laval à Québec et membre de l'Académie des Arts du Canada.

© LES ÉDITIONS ESF, PARIS, 1989
ISBN 2-7101-0754-6

Ont participé à cet ouvrage

CAGLAR Huguette
Docteur en Psychologie clinique — Psychanalyste et thérapeute familiale —
Professeur agrégé à l'Université de Montréal, C.P. 6128, succursale
A. Montréal (Québec) H3C 3J7, Canada.

LADAME François
Psychiatre et psychanalyste — Privat-Docent à l'Université de Genève —
Médecin Chef de l'Unité de Psychiatrie de l'Adolescence, Centre médico-
pédagogique, 16-18, boulevard Saint-Georges, 1211 Genève 8-Suisse.

RAIMBAULT Ginette
Psychiatre et psychanalyste — Directeur de recherche à l'Institut National de
la Santé et de la Recherche Médicale. INSERM U.158, Hôpital des Enfants
Malades. Pavillon Archambault, 149, rue de Sèvres, 75743 Paris, France.

SAMY Mounir H.
Psychiatre et psychanalyste — Professeur adjoint à l'Université McGill — Directeur de l'équipe d'intervention de crise pour adolescents à l'Hôpital de Montréal pour Enfants, 2300, rue Tuper, Montréal (Québec) H3H 1P3, Canada.

TABLE DES MATIÈRES

INTRODUCTION

« *Nous ne voyons pas, n'entendons pas
ceux qui souffrent,
et tout ce qui est effrayant dans la vie
se déroule quelque part dans les coulisses.
Tout est calme, paisible, et seules protes-
tent les muettes statistiques...
Tant d'hommes devenus fous.
Tant de seaux de vodka bus.
Tant d'enfants morts d'inanition.* »

A. TCHEKHOV

D'abord, il y eut les statistiques. Au Québec, entre 1961 et 1981, le taux de suicides accomplis chez les jeunes de 15 à 24 ans s'est multiplié par plus de huit. En 1984, une enquête menée auprès de 600 collégiens francophones révèle qu'un collégien sur cinq avoue avoir déjà pensé sérieusement au suicide au cours de sa vie, et qu'un collégien sur huit reconnaît avoir eu l'intention d'attenter à ses jours au cours des deux derniers mois. Plus de 75 % des jeunes en proie à des idées suicidaires disent avoir conçu des plans précis, et plus de 3 % déclarent avoir fait une tentative de suicide durant les deux derniers mois [4][1].

Ensuite, il y eut Lise. C'était l'hiver. Le dernier cours avant les vacances de Noël terminé, les étudiants se pressaient déjà vers la sortie puis s'arrêtaient brusquement, éblouis par la réverbération du soleil sur la neige glacée. C'est alors que je reconnus la voix de Lise, tout près de moi. « Comment trouvez-vous le ciel, madame Caglar ? » Instinctivement, je relevais la tête. Le bleu éclatant du ciel, fidèle compagnon du long et rigoureux hiver canadien, n'a pas cessé de m'étonner. « Le bleu cruel du ciel », pensais-je, me rappelant l'auteur de *Maria Chapdelaine*. Déjà, Lise poursuivait : « Il est beau, n'est-ce pas ? *Mais derrière, c'est encore plus beau.* » Soudain, je revoyais le visage fatigué,

---

1. Les chiffres entre crochets renvoient aux références bibliographiques, en fin de chapitres.

les traits tirés de Lise durant ces dernières semaines. Je me remémorais quelques absences ou retards inhabituels et, surtout, le ton aigu que prenait sa voix lorsqu'elle contredisait, agressivement et systématiquement, tout camarade qui émettait une opinion différente ou opposée à la sienne.

Oui, Lise voulait se suicider. Une overdose, une veinosection, une intoxication médicamenteuse l'avaient déjà menée « jamais plus loin que la salle d'urgence ». Jusqu'où voulait-elle aller ? Lise était lasse de ne pouvoir situer avec exactitude son désir. Vivre ? Mourir ? Bientôt Lise aurait 30 ans, et elle avait décidé qu'elle « trouverait sa réponse » le jour de son anniversaire. Aussi s'était-elle procuré un revolver, écrit ses lettres d'adieu, au cas où...

Des Lise, j'en avais déjà rencontré plusieurs. Rien d'étonnant : sur le campus de l'Université de Montréal, 6,9 % des étudiants déclarent avoir déjà tenté de se suicider, et 19,9 % (un sur cinq) reconnaissent avoir été en butte à de sérieuses idées suicidaires. Parmi les 17 279 étudiants réguliers de l'Université de Montréal, 432 avaient attenté à leurs jours durant l'année 1985-1986, et 1 436 y avaient sérieusement pensé [1]. Toujours les statistiques... mais, elles ne devaient plus rester muettes. Le temps de les entendre était aussi certainement arrivé car c'est avec enthousiasme que le Conseil du Québec de l'Enfance Exceptionnelle adopta mon projet d'un colloque. Il se déroula le printemps suivant autour du thème : « Les tentatives de suicide des adolescents. Comprendre... pour mieux prévenir. »

Les auteurs de cet ouvrage ont participé à ce colloque. Certains chapitres du livre sont constitués par les textes, revus, des conférences qui y furent données. D'autres auteurs ont préféré livrer leurs réflexions théoriques ou les résultats de leurs recherches, relater leurs expériences professionnelles auprès des adolescents suicidants.

François Ladame (Suisse) s'interroge : « Pourquoi ? Comment ? » « S'interroger sur le pourquoi et le comment certains hommes jeunes veulent mourir... La question est humainement fondamentale même si elle reste sans réponse... », concluait, en 1969, André Haim dans son ouvrage *Les suicides d'adolescents*. François Ladame ne prétend pas apporter de réponse mais essaie, et parvient, grâce à son expérience de psychanalyste et de psychiatre responsable de l'Unité de Psychiatrie de l'Adolescence de Genève, à affiner, à élargir notre compréhension du fonctionnement psychique de l'adolescent suicidant.

Mounir Samy (Canada), dans son chapitre sur « Le syndrome de l'adolescent suicidaire » s'attache, plus particulièrement, à nous montrer combien est tenue l'imbrication de la suicidologie juvénile et de l'expérience adolescente dans notre société contemporaine, mais aussi combien la prise en considération des composantes individuelles reste cependant nécessaire pour une juste compréhension de l'adolescent suicidaire et une prise en charge adéquate.

Psychiatre et psychanalyste, Mounir Samy est certainement un des rares auteurs à présenter une approche socio-analytique de la suicidologie juvénile associant les modèles sociologiques de E. Durkheim et développemental de M. Klein : son chapitre consacré à l'approche socio-analytique du syndrome de l'adolescent suicidaire saura retenir l'attention des lecteurs.

« Comprendre... pour mieux prévenir »... tel était le thème de ce colloque. F. Ladame le souligne fort justement : « Un thérapeute ne peut pas fonctionner efficacement sans modèles : modèle de développement psychique à l'adolescence, modèle de sa pratique ensuite » [3]. Dans le champ relativement nouveau de la suicidologie juvénile, la gravité du phénomène suicidaire et son étiologie multicausale génèrent, particulièrement en Amérique du Nord beaucoup plus touchée que l'Europe, la mise en place conjointe de types d'intervention se référant à des modèles théoriques différents sans susciter pour autant les « querelles de chapelles » souvent stériles, toujours préjudiciables au bon fonctionnement des services. Le chapitre de M. Samy et de Natalie Grizenko[2] consacré à l'exposé de l'ensemble des modèles d'intervention utilisés au département de psychiatrie de l'adolescence de l'Hôpital de Montréal pour Enfants reflète bien cette nécessaire et possible complémentarité thérapeutique.

Plus que le mode d'intervention, c'est la personne de l'intervenant qui retient l'attention de Ginette Raimbault (France).

A travers l'histoire de Vivienne qu'elle analyse avec toute la finesse dont elle est coutumière et qu'elle enrichit par l'étude de cas tirés de son expérience de psychiatre et de psychanalyste à l'Hôpital des Enfants malades à Paris, Ginette Raimbault met bien en évidence l'insuffisance d'un savoir théorique dans la prise en charge de l'adolescent suicidaire, la nécessaire élucidation de la position de l'intervenant vis-à-vis de la mort, de ses attitudes contre-transférentielles pour que puisse s'établir une authentique communication adolescent-intervenant, fondement même de la prévention des tentatives de suicide.

C'est à la prévention que s'intéresse plus particulièrement Huguette Caglar (Canada), responsable à la Faculté des Sciences de l'éducation de l'Université de Montréal de la formation des formateurs à la préven-

---

2. Chef résidente en pédopsychiatrie à l'Hôpital pour Enfants de Montréal, au moment de la rédaction de l'ouvrage. Actuellement M.D. : F.R.C.P. (C), directrice du Centre de Jour pour préadolescents à l'hôpital Douglas à Montréal.

tion des tentatives de suicide des adolescents. Psychanalyste et thérapeute familiale, Huguette Caglar analyse les facteurs psychologiques conscients et inconscients qui risquent de gauchir ou d'entraver la relation de l'adolescent suicidaire avec ses figures parentales ou l'établissement d'une alliance thérapeutique avec les spécialistes en santé mentale.

Privé de soutien, à qui ce jeune en détresse peut-il alors se confier ? Les résultats de l'enquête menée par Huguette Caglar sur les intervenants choisis de façon préférentielle par 200 adolescents suicidants, avec et sans idéation suicidaire, sur leurs réactions émotionnelles et leurs attitudes d'aide face à la communication par un camarade de son intention de se suicider, apportent un éclairage nouveau — et parfois inattendu — sur les programmes de prévention par les pairs, au moment même où leur implantation en milieu scolaire ne cesse de croître.

Ainsi, au fil des pages, la problématique suicidaire juvénile est appréhendée sous ses aspects les plus fondamentaux : épidémiologie, psychodynamique, prises en charge. Sans nul doute, le lecteur relèvera les positions différentes, voire divergentes, adoptées par les auteurs dans le domaine de l'intervention auprès de l'adolescent en détresse. Prévention primaire ? Prévention secondaire ? La priorité accordée à l'un ou l'autre niveau de prévention varie certainement selon la gravité du phénomène suicidaire qui ne revêt pas la même ampleur en Suisse, en France qu'au Québec. Le triste record détenu par le Québec a contraint ses « spécialistes » à multiplier leurs interventions aux trois niveaux de prévention : primaire, secondaire, tertiaire. La prévention ne pouvait pas non plus rester « domaine privé » : peu à peu, elle s'est étendue à d'autres catégories d'intervenants. Généralement guidés par les psychologues, assistants sociaux, infirmières, enseignants ont innové, créé et appliqué des programmes de prévention soit dans leurs lieux de travail, soit de façon itinérante. Sous la pression de la nécessité, un modèle assez semblable, tout au moins dans son esprit, à celui préconisé au terme de leurs recherches par les épidémiologistes français F. Davidson et M. Choquet [2] a été, progressivement, mis en place. La multiplicité des déterminants de l'acte suicidaire justifiait la pluridisciplinarité des prises en charge, à tous les niveaux de prévention. Cependant, beaucoup d'efforts sont encore nécessaires pour que la prise en charge thérapeutique médicale puisse être doublée ou prolongée par une approche plus psychologique ou sociale. Un long chemin reste encore à parcourir pour que les intervenants, particulièrement les travailleurs sociaux, les éducateurs, les bénévoles des postes d'écoute téléphonique, ne soient plus isolés, mais puissent s'appuyer sur une équipe multidisciplinaire.

Les statistiques ne sont pas restées muettes. Ont-elles été entendues ? Le premier vidéo, conçu au Québec par un groupe de psychiatres pour servir d'instrument d'animation à des ateliers de sensibilisation au phénomène suicidaire auprès des lycéens, s'intitulait :

« Dix-sept ans... la vie derrière soi ? »

Les jeunes ont répondu : le premier programme de prévention par les pairs en milieu scolaire a été baptisé :

« OUI à la vie ! »

Puisse cette réponse être celle des adolescents à qui ces programmes sont destinés !

Huguette CAGLAR

RÉFÉRENCES BIBLIOGRAPHIQUES

[1] BOUCHARD L., « Incidence des comportements suicidaires chez les étudiants de l'Université de Montréal », Mémoire de maîtrise non publié, Université de Montréal, 1987.

[2] DAVIDSON M., CHOQUET M., *Le suicide de l'adolescent : étude épidémiologique*, Paris, ESF, 1981.

[3] LADAME F., JEAMMET P., *La psychiatrie de l'adolescence aujourd'hui. Quels adolescents soigner et comment ?* Paris, Presses Universitaires de France, 1986.

[4] TOUSIGNANT M., HANIGAN D., BERGERON L., « Le mal de vivre : comportements et idéations suicidaires chez les cégépiens de Montréal », *Santé mentale au Québec*, 9 (2), 1984, p. 122-133.

1. LES TENTATIVES DE SUICIDE DES ADOLESCENTS : POURQUOI ? COMMENT ?

François LADAME

Double interrogation provocante ! Qui se risquerait à seulement imaginer proposer une réponse complète ? Mais il n'en reste pas moins que ces questions interpellent quotidiennement ceux qui sont amenés à rencontrer des adolescents en difficulté.

Les années ont passé depuis le début de mes recherches sur les suicides à l'adolescence (tentés si souvent, réussis plus rarement) et la publication de mon livre sur les tentatives de suicide [12][1]. Un colloque organisé en 1986 à Montréal par le Conseil du Québec de l'Enfance Exceptionnelle a été l'occasion de reprendre mes réflexions. Certaines évidences se sont rapidement imposées. Mon expérience s'est approfondie avec le temps. Si les caractéristiques générales du fonctionnement psychique de l'adolescent suicidant que je décrivais en 1981 me paraissent toujours pertinentes, je les formule aujourd'hui un peu différemment, d'une manière qui rende mieux compte des nuances et de la complexité du psychisme.

La controverse sur le poids psychopathologique des tentatives de suicide, qui a nourri une bonne partie de la littérature, n'est pas dissipée, mais une tendance s'affirme de plus en plus à reconnaître la gravité du problème et à écarter la notion de trouble transitoire. L'emploi généralisé du DSM-III (qui n'est pas mon outil de travail privilégié) a exercé un effet paradoxal. Malgré son absence de toute spécificité pour l'adolescence, le manuel diagnostique de nos collègues américains [2] a conduit nombre de chercheurs à étudier la dépression sur cette base et à confirmer la notion de trouble psychique avéré [4, 6], qui suscitait

---

1. Les chiffres entre crochets renvoient aux références bibliographiques, en fin de chapitres.

des haussements d'épaules dans le milieu professionnel, il n'y a pas si longtemps encore. L'écart entre les cliniciens d'orientation phénoménologique et psychodynamique s'en trouve réduit, sur les faits, sinon sur le fond, et ce n'est pas négligeable. Enfin, les travaux des épidémiologistes (je pense principalement à ceux de F. Davidson en France [8]) mettent clairement en évidence le « processus » suicidaire qui se traduit par une proportion phénoménale de récidives. Ils arrivent à des conclusions que le psychanalyste que je suis ferais volontiers miennes.

A la question « pourquoi ? », nous aimerions pouvoir opposer une énumération de facteurs constituant autant de *causes* d'une détermination suicidaire. Avec une telle liste en main, nous pourrions alors espérer nous attaquer efficacement à un travail de dépistage et intervenir préventivement. Je ne me fais guère d'illusions sur la prévention primaire, l'un de ces grands mythes de la pensée médicale moderne. L'idée de parvenir à repérer les adolescents suicidaires avant qu'ils ne commettent une première tentative de suicide et à les aider à trouver une solution autre que l'attaque de leur corps est en soi louable, mais vraisemblablement très irréaliste. (Sauf, bien entendu, toutes les exceptions qui peuvent venir à l'esprit !) Quand je dis qu'elle est irréaliste, c'est en songeant à la prévention primaire comme à une sorte de dogme, polarisant tous nos investissements personnels et l'essentiel des ressources de santé publique. Dans les sciences humaines, comme dans d'autres domaines aussi, la chasse aux principes simples ne peut être que décevante ou réductionniste. Ce que nous observons, ce sont beaucoup plus des enchevêtrements de facteurs, des détours, des exceptions et des situations paradoxales. Une même action peut signifier une chose et en même temps son contraire. A cet égard, la tentative de suicide pourrait bien combler les amateurs de paradoxes, car elle en est tout empreinte, visant simultanément et à tous les niveaux des buts opposés et inconciliables.

La question « comment ? » peut être entendue de différentes façons. Si l'on se limite à penser aux moyens de se tuer, elle apparaît infiniment moins complexe que la première, probablement moins intéressante aussi, largement tributaire des modes sociales et des habitudes culturelles. En Suisse et en France, en tout cas, les adolescents tentent de se suicider essentiellement (c'est-à-dire pour trois sur quatre d'entre eux) avec des médicaments. Comme la coutume veut aujourd'hui qu'on ne prenne plus tellement des barbituriques contre ses insomnies ou sa « nervosité », mais des tranquillisants dits « mineurs », l'ingestion de ces produits pharmaceutiques expose rarement à un risque létal ou à des séquelles physiques irréversibles, et c'est heureux ! Mais cette constatation ne reflète qu'un aspect du problème, car la gravité médicale du geste suicidaire n'a aucune corrélation avec sa gravité psychologique.

Ce qui devrait probablement nous faire davantage réfléchir, c'est le fait que la plupart des adolescents utilisent pour leur tentative de suicide les médicaments de la pharmacie familiale, consommés avec plus ou moins de régularité par leurs parents, ou bien ceux que leur a prescrits le corps médical pour leur angoisse ou leur dépression. N'oublions pas non plus que, dans le moment de rupture que constitue la tentative de suicide, où chancellent les facultés d'éprouver normalement la réalité, l'adolescent se suicidera avec ce qu'il a sous la main, qu'il s'agisse d'un produit anodin ou du plus redoutable des toxiques.

Avant d'en venir aux facteurs intrasubjectifs qui sont à l'origine du comportement suicidaire et de reformuler mes idées sur le fonctionnement psychique des adolescents suicidants, je vais m'arrêter sur un certain nombre de *données cliniques*.

Beaucoup de gens — laïcs ou professionnels — continuent à s'interroger sur la *fréquence* des tentatives de suicide à l'adolescence. Un grand flou subsiste à cet égard, puisque seuls les suicides accomplis peuvent être connus par le certificat médical de décès. En ce qui concerne les suicides tentés, nous ne pouvons nous faire une idée de leur nombre qu'au travers des statistiques de certains grands centres hospitaliers. Mais personne n'est vraiment en mesure de dire si ces chiffres représentent une approximation relativement fiable ou seulement la pointe d'un iceberg dont la partie immergée serai appelée à demeurer inconnaissable.

Dans de nombreuses régions — je pense tout particulièrement à Genève — les tentatives de suicide d'adolescents sont dans l'ensemble connues du corps médical et entraînent généralement une hospitalisation, si brève soit-elle. Je ne crois donc pas que la fréquence des tentatives de suicide consignée par nos services hospitaliers soit une si lointaine estimation de l'ampleur du phénomène, même si elle demeure un minimum. En outre, fait intéressant, les chiffres enregistrés à Genève se recoupent largement avec ceux observés en France par F. Davidson lors d'une très vaste enquête dans deux zones pilotes regroupant deux millions d'habitants [8].

A Genève, lors de pointages successifs au cours des dix dernières années, j'ai pu constater que les adolescents de 12 à 20 ans, admis chaque année à la clinique de pédiatrie ou dans le service d'urgence de notre centre hospitalier universitaire, représentaient environ 3,5 $^o/_{oo}$ sujets de la population générale de cet âge, dont quelque quatre filles pour un garçon. En France, F. Davidson arrive à un taux de 2 °/₀₀ pour le sexe masculin et de 5 °/₀₀ pour le sexe féminin, soit également une moyenne de 3,5 °/₀₀, le nombre de filles et de garçons étant à peu près équivalent dans cette tranche d'âge.

Ce qui me paraît plus important, au-delà du caractère très impersonnel des statistiques, c'est de souligner l'importance phénoménale des récidives, soit deux cas sur trois pour les filles et un cas sur trois pour les garçons [8], et de rappeler que chaque récidive est habituellement d'une gravité médicale accrue par rapport à la précédente. Enfin, souvenons-nous de l'enquête d'Otto [14] : dix à quinze ans après une première tentative de suicide pendant l'adolescence, environ 10 % de la totalité de l'échantillon de sexe masculin et 3 % de celui de sexe féminin sont décédés par suicide. Ces résultats, à ma connaissance, n'ont jamais été démentis. A défaut d'études similaires par d'autres cliniciens, nous pouvons nous dire que les statisticiens nous en apportent, de manière très sèche, l'affligeante confirmation. Aux États-Unis, entre 1961 et 1975, le taux global de morts par suicide, tous âges confondus, a passé de 10,4 à 12,7 pour 100 000 habitants, soit une augmentation de 22 %. Mais celle-ci est due principalement à l'accroissement des suicides réussis chez les sujets jeunes : 131 % dans le groupe des 15 à 24 ans [11]. L'évolution est identique dans la plupart des pays occidentaux, dont la France et la Suisse [8]. Par rapport à la réalité clinique, on ne peut plus dissocier le problème des suicides tentés de celui des suicides réussis, sans pour autant confondre les deux plans bien évidemment.

Au cours de cette dernière décennie, on constate heureusement l'élimination des références aux idées d'appel à l'aide banal, de manipulations, voire de chantage. Quand bien même ces aspects-là existent aussi dans « montage » d'un acte suicidaire, ils n'en constituent pas la motivation principale qui reste beaucoup plus inconsciente. Rappeler cela paraît un truisme tant il est évident que, dans le registre de l'appel au secours, du SOS, le recours à une action potentiellement létale traduit pour le moins l'absence de solution de rechange, un cul-de-sac qui est la caractéristique d'une situation psychopathologique.

Je me suis demandé si la clinique des adolescents suicidants s'était modifiée depuis une dizaine d'années et si les patients qui consultent aujourd'hui dans mon service sont différents de ceux à partir desquels j'ai effectué mes premières recherches. J'ai donc repris une quarantaine de dossiers récents, ce qui correspond approximativement au nombre de nouveaux sujets suicidants qui viennent chaque année à notre consultation ambulatoire.

Brièvement résumées, les données personnelles, familiales, cliniques et diagnostiques de ce groupe de quarante adolescents se présentent de la manière suivante :

Sexe	F : 33 = 82,5 % M : 7 = 17,5 %	
Age	12-15 ans 10 15-18 ans 18 (1 mariée) 18 ans 12	
Moyen utilisé pour la TS	Médicaments	29
	Médicaments + veinosection	1
	Médicaments + toxiques + pendaison	1
	Ingestion de toxiques	2
	Veinosection	5
	Coups de couteau	1
	Essai de défenestration	1
Activité au moment de la TS	École ou études	20
	Apprentissage	8
	Travail	6 = 34
	Aucune	6

La constatation que 85 % des patients ont une activité au moment où ils tentent de se suicider pourrait être, *a priori*, rassurante. Cependant, si l'on regarde les choses sous un angle qualitatif, celles-ci sont tout sauf roses :

Problèmes à l'apprentissage ou au travail
Difficultés importantes ou échec à l'école   18/34 = 53 %

Rétrogression sur le plan scolaire ou professionnel
au cours des trois ans précédents   14/34 = 41 %

Situation familiale		%
Famille intacte	19/39	
Famille dissociée	20/39	
Mariée	1	
Conflits majeurs avec le(s) parent(s)	24/40	60
Conflits majeurs entre les parents	3	

Diagnostic symptomatique		%
Dépression	27	67,5
Angoisse envahissante (panique)	5	12,5
Absence de symptomatologie dépressivo-anxieuse nette	8	20

Diagnostic structural		%
Impasse développementale (Fonctionnement borderline 19) (Troubles narcissiques prédominants 6)	25	62,5
Indéterminé (évaluation insuffisante)	11	27,5
Diagnostic ouvert	4	10

La question du lien entre la dépression et la conduite suicidaire, d'une part, entre le suicide (tenté ou réussi) et la présence d'un trouble psychique avéré, d'autre part, n'est pas nouvelle. Je l'ai déjà longuement développée [12], mais elle mérite d'être reprise et représcisée dans une perspective plus actuelle.

Le mot « dépression » est employé dans tellement d'acceptions différentes qu'il est probablement difficile d'éviter complètement l'ambiguïté. Un effort de rigueur dans les définitions est d'autant plus indispensable. Par rapport à l'adolescence, il me paraît nécessaire de distinguer en tout cas trois plans :

— La dépression en tant qu'*affect de tristesse*. A ce titre, elle fait partie de la gamme des sentiments humains éveillés par la conjoncture ; elle est universelle et, dans une perspective synchronique, n'autorise aucune inférence sur l'aspect normal ou pathologique des choses.
— La dépression en tant que *symptôme* (ou série de symptômes).

Il serait plus correct de parler d'*état dépressif*, dans la mesure où l'on observe une interférence avec le fonctionnement personnel et social habituel de l'adolescent. Cette « dépression » peut être liée à une situation de stress particulier mais transitoire, d'origine interne et/ou externe (difficultés à faire face aux exigences maturatives, à se désengager du lien émotionnel au monde de l'enfance, conditions existentielles exceptionnelles, etc.).

— La dépression en tant que *maladie*. Celle-ci est l'expression d'une perturbation avérée dans le développement psycho-affectif, d'une *impasse* maturative. Si elle n'est pas traitée correctement, elle est susceptible de compromettre définitivement l'intégrité physique et psychique du sujet une fois parvenu à l'âge adulte.

Même si le scepticisme affiché autrefois par beaucoup d'auteurs quant à la réalité des tendances dépressives des adolescents suicidants tend à s'effacer dans les travaux plus récents, le débat n'est pas éteint pour autant. Ces doutes peuvent s'expliquer de plusieurs façons.

— Dans la période qui suit immédiatement une tentative de suicide, bien des adolescents se sentent détendus. Le passage à l'acte, à l'acmé d'une période de grand désarroi et de souffrance, apporte un soulagement temporaire : l'angoisse se dissipe, la dépression s'estompe. D'où une répercussion inévitable sur les recherches effectuées dans ce moment particulier (par exemple en milieu hospitalier). Tous ceux qui ont l'expérience de contacts prolongés avec les adolescents suicidants savent pourtant que cette accalmie va être passagère parce que l'acte suicidaire n'a, dans le fond, rien résolu ou bien qu'elle va peut-être se poursuivre, mais au prix d'un mécanisme de déni (malheureusement souvent collectif) à la longue coûteux pour toute l'économie psychique.

— Les trois registres de dépression sont en relation de continuité et non d'exclusivité, ce qui complique le problème de l'évaluation et du diagnostic différentiel. De plus, chez l'adolescent, l'affect de tristesse peut être soumis à un mécanisme de déni dans des états dépressifs ou des maladies dépressives patents (pratiquement dans un cas ou deux selon notre expérience à Genève).

— La notion d'une sémiologie spécifique selon l'âge, soulignée par Toolan [15] il y a déjà des années, se vérifie aujourd'hui encore, du moins en partie [5]. L'un des principaux griefs relevés contre le DSM-III est justement de n'avoir pas pris en considération la spécificité de l'adolescence.

— Enfin, l'accumulation de facteurs événementiels défavorables — sous forme de pertes, échecs, ruptures ou abandons — est souvent telle dans le montage d'une détermination suicidaire qu'elle peut nous pousser à militer en faveur d'une sociogenèse, d'une causalité extérieure au sujet. La dépression, pour autant qu'elle soit admise, sera alors jugée « réactionnelle ». C'est le vieux problème de l'œuf et de la poule ! Qu'il y ait une intrication entre les éléments liés à l'entourage et les modalités particulières du fonctionnement psychique de l'adolescent suicidant est une évidence. Dans la réalité qui nous est commune aussi, le dedans et le dehors sont indissociablement liés. Cette articulation est même un signe de santé, puisqu'elle permet de s'appuyer sur le premier quand le second ne va pas et réciproquement. Mais, dans la situation du suicide, réalité interne et réalité externe ne sont même plus différenciées, elles sont confondues.

Si l'utilité de critères diagnostiques simples et fiables n'est pas contestable, il ne me semble plus possible, à l'heure actuelle, de maintenir une dissociation entre une approche symptomatique pure et l'approche psychanalytique. En d'autres termes, je ne vois pas qu'on puisse ne pas prendre en considération l'organisation du psychisme de chaque sujet particulier présentant tel ou tel symptôme et la valeur de ce symptôme pour l'économie psychique.

L'utilisation de la grille du DSM-III [2], que ce soit pour l'épisode dépressif majeur ou pour la névrose dépressive, ne permet pas d'appréhender le phénomène de la dépression à l'adolescence dans sa totalité et dans ses implications pronostiques à long terme. Or, à cet âge, la préservation de l'activité de mentalisation ou, au contraire, sa sidération jouent un rôle décisif non seulement pour l'avenir immédiat, mais aussi pour tout le développement ultérieur. C'est là que réside l'intérêt de la psychanalyse contemporaine : l'accent est mis sur le couple d'opposés dépression/dépressivité, en tenant compte du travail psychique et du maintien ou non de l'activité de représentation.

Comme le suggère P. Gutton [10], la dépression viserait à donner des représentations à l'affect de tristesse, c'est-à-dire à créer des représentations dépressives ou tristes. Elle est indissociable du travail du représentativité. Et, lorsque le dépressif représente, il devient déprimé, engagé dans une activité de substitution, selon le principe énoncé par Freud dans *La création et le rêve éveillé* : « Nous ne pouvons rien perdre sans le remplacer. » La perte, advenue et reconnue, est en quelque sorte déjà en voie d'être dépassée. A cette dépression s'oppose une dépressivité où le sujet est dépressif du fait de son échec à être déprimé et de son impossibilité de maintenir des représentations. Les sentiments de vide et d'ennui sont alors à l'avant-plan et la symptomatologie est plus agie que mentalisée.

La clinique de la dépressivité, dépression « dépassée » ou maladie dépressive, se recoupe largement avec la pathologie du « breakdown », ou cassure dans le processus de développement de l'adolescence, décrite par M. et E. Laufer [13]. Elle se caractérise par des conduites fondamentalement autodestructrices : addictions, boulimie ou jeûne compulsifs et, bien sûr, tentatives de suicide. La ligne de démarcation est flagrante avec la dépression « mentalisée », dont il faut souligner le caractère potentiellement sain, dans le sens de l'effort développement de l'adolescent pour s'adapter à une situation nouvelle et parvenir à un niveau d'organisation psychique supérieur.

Dans le tableau où figurent les données cliniques des quarante adolescents vus dernièrement à l'Unité de Psychiatrie de l'Adolescence de Genève, on relèvera que vingt-sept patients (soit deux tiers environ) présentent une dépression (diagnostic symptomatique). Sur le plan structural, le diagnostic d'impasse développementale (fonctionnement borderline ou troubles narcissiques de la personnalité dans une terminologie plus traditionnelle) est retenu dans vingt-cinq cas. Ces constatations diagnostiques confirment celles que j'avais faites précédemment sur un nombre plus élevé de sujets.

Je me suis souvent entendu dire que mes observations étaient probablement biaisées, dans le sens de la gravité psychopathologique, par la situation particulière d'un service de consultation et de traitement public. Si l'argument du recrutement de la clientèle ne peut pas être réfuté sans autres, il ne doit pas non plus être pris pour argent comptant. Il faut tenir compte notamment des limitations diagnostiques auxquelles exposent les recherches circonscrites à une brève période d'hospitalisation. Quoi qu'il en soit de cette discussion, qui reste ouverte, j'ai découvert avec intérêt qu'un praticien travaillant dans son cabinet privé, de l'autre côté de l'Atlantique, pouvait arriver aux mêmes conclusions que moi [7]. F.E. Crumley a repris lui aussi quarante dossiers d'adolescents suicidants de 12 à 19 ans venus le consulter entre 1972 et 1978. Il trouve un tableau dépressif dans huit cas sur dix et les signes caractéristiques d'une maladie dépressive majeure (selon le DSM-III) dans six cas sur dix. Par ailleurs, il constate un trouble sous-jacent de la personnalité chez vingt-cinq adolescents, soit une proportion exactement équivalente à la nôtre. La superposition des résultats est d'autant plus frappante que les cheminements diagnostiques et les cadres de référence, eux, sont tout à fait différents.

Parler de « troubles de la personnalité » au sens de l'axe II du DSM-III reste une entreprise purement descriptive. Quant au diagnostic différentiel entre personnalité borderline et troubles narcissiques de la personnalité, auquel beaucoup de psychiatres d'adultes sont atta-

25

chés, il ne me paraît pas rendre compte des caractéristiques spécifiques de la psychopathologie de l'adolescent. Son principal intérêt est de faciliter les échanges d'informations entre collègues ! En effet, dès qu'un processus thérapeutique est entamé, on perçoit vite combien cette dichotomie est artificielle : les défenses narcissiques servent de masque de protection contre la culpabilité d'une atteinte à l'objet désiré ; l'agrippement à l'objet et l'effroi de le perdre cachent une intense aspiration à l'autosuffisance ! Aussi en sommes-nous progressivement venus, dans le sillage des Laufer [13], à spécifier la nature de la psychopathologie de l'adolescence, pour autant qu'elle soit établie, en termes d'impasse ou de fin prématurée du développement. Ces deux situations sont elles-mêmes la conséquence d'une cassure dans un processus qui mène de l'auto-érotisme à la complémentarité et s'achève par l'intégration d'une représentation d'un corps sexué actif, masculin ou féminin. Le concept d'impasse traduit bien la situation dynamique ouverte, où le sujet est saisi de panique aussi bien lorsqu'il se sent aspiré vers une progression différenciatrice que dans une régression indifférenciante. La fin prématurée du développement a le mérite d'éteindre l'angoisse, mais sans laisser place à la possibilité de modifier l'image du corps idéal en fonction de la réalité, sinon du choc, pubertaire. Les mécanismes de clivage et de déni opèrent alors de façon beaucoup plus serrée.

Revenons maintenant à notre point d'interrogation initial : « les tentatives de suicide : comment ? ». Se poser cette question par rapport au fonctionnement psychique conscient et inconscient revient à se demander : « par quels détours ? » ou « par quels mystères ? ». Certains diront peut-être : « par quelles aberrations ? ».

En termes métapsychologiques, les principaux éléments à prendre en considération sont la relation du sujet à son corps (autoreprésentation), les objets investis, le couple génitalité/prégénitalité, le destin du pulsionnel (intégrable/non intégrable), les limites de l'appareil psychique et sa capacité de transformation (ou de substitution au sens où nous l'évoquions plus haut par rapport aux opposés dépression/dépressivité et à la perte), le lien entre perception et représentation, les mécanismes de défense, le rôle du Surmoi.

La tentative de suicide est une attaque destructrice du corps propre. Plus spécifiquement, c'est une attaque du *corps sexué*, postpubertaire, irréversiblement masculin ou féminin, donc un corps qui ne peut plus être *perçu* comme ni l'un ni l'autre ou comme les deux à la fois. Le hiatus entre le corps perçu (correspondant à sa réalité biologique) et le corps imaginaire ou corps idéal devient, chez le futur suicidant, un fossé impossible à combler. Clivage et déni sont à l'œuvre, ce qui soulève tout de suite la question du « reality testing » et de son intégrité. Ici, la perception en principe n'est pas déniée, sans quoi nous serions en présence d'un fonctionnement psychotique permanent ; la défense agit sur la représentation.

Tout adolescent connaît des difficultés par rapport à l'image de son corps, mais son conflit tourne habituellement autour du corps perçu et du corps idéal correspondant à quelque credo personnel ou culturel de féminité ou de masculinité. Chez l'adolescent suicidant, le conflit — insoluble — touche le corps réel opposé à un corps idéalisé qui est le corps prépubertaire, c'est-à-dire l'image d'un corps où les jeux ne seraient pas faits, où tous les possibles seraient encore réalisables. La cassure entre ces deux images explique, entre autres, la rareté des tentatives de suicide avant la puberté et l'accroissement extraordinaire de leur fréquence après le début de l'adolescence.

Ces vicissitudes de l'image du corps et de son investissement (qui ne ressortent bien sûr en toute clarté qu'à l'intérieur d'un cadre thérapeutique) sont à l'origine d'un premier paradoxe : d'un côté, la tentative de suicide vise la destruction du corps sexué adulte (dans lequel sont aussi projetés des affects et fantasmes insupportables, et les objets persécuteurs, haïssables, nous y reviendrons) ; d'un autre côté, elle vise la préservation de l'image du corps idéal qui est devenue l'image idéalisée de l'enfant prépubère, non problématique dans la mesure où n'y est justement pas projeté tout ce qui contribue à faire du corps sexué l'ennemi numéro un. Le fantasme d'éliminer l'un tout en préservant l'autre ne peut devenir actif qu'au prix d'une scission de la personnalité et d'un déni de la réalité de la mort, voire à l'extrême de la réfutation même d'un désir de mort. Ce paradoxe est, je crois, bien perçu du grand public qui ne cesse de se demander (et de nous demander) : « En fin de compte, ces adolescents qui se suicident, voulaient-ils ou ne voulaient-ils pas mourir ? »

Je viens de définir la tentative de suicide comme une *attaque* destructrice du corps. Il s'agit donc d'un mouvement *actif*. Nous avons en face de nous un *sujet*, auteur de ses actes, attestant de son existence. Cette vision phénoménologique des choses, pour exacte et importante qu'elle soit, est cependant insuffisante pour rendre compte de l'enchevêtrement paradoxal des pensées, fantasmes et buts qui sous-tendent cette action.

L'adolescent suicidant vit souvent un conflit intenable entre progression et régression ; il lutte contre l'une et contre l'autre. J'ai introduit plus haut la notion d'impasse dans le développement précisément parce qu'elle indique l'impossibilité aussi bien de maintenir des mouvements allant dans le sens d'une autoreprésentation de sujet adulte que de se laisser aller à des mouvements régressifs internes/externes. On parle volontiers de conflit entre indépendance et dépendance. Celui-ci se réfère surtout à la réalité extérieure, mais il n'en est pas moins sous-tendu par une figuration fantasmatique, celle de la perte et de sa substitution (déjà évoquée). Je préfère utiliser ici les termes de différenciation et indifférenciation car d'autres fantasmes, d'autres représentations sont mis en jeu.

Comment se pose le problème de la différence pour l'adolescent ? Par principe, nous admettons qu'il a franchi, dans la petite enfance, le palier de la différence sujet/objet et qu'il lui reste à affronter celui de la différence des sexes. A partir de cette formulation, on cerne mieux, me semble-t-il, la nature des fantasmes qui placent l'adolescent suicidant dans un cul-de-sac. Aller dans le sens de la différenciation, c'est intégrer l'idée de complémentarité, double saut qualitatif — par rapport à une perte narcissique et objectale — face auquel aucun ancrage dans un quelconque gain narcissique ne peut damer le pion à l'effondrement qui guette. Le gain narcissique entrevu par tout adolescent, c'est la prime libidinale. Ici, il n'en est rien. Au passage, nous pouvons mesurer combien la liste de concepts métapsychologiques que j'ai esquissée plus haut correspond à un découpage artificiel, comme si, du point de vue dynamique et économique, les éléments du psychisme n'étaient pas tous interdépendants (tressés). Si je suivais un processus de pensée purement associatif, il me faudrait tout de suite parler des fantasmes dans lesquels l'adolescent suicidant est piégé, qui l'« antipriment ». Au risque de sembler faire des sauts logiques, une courte incursion dans la génitalité s'impose pourtant. Quand les choses se passent relativement bien, la névrose infantile offre l'angoisse de castration — la *pars pro toto* — comme cran d'arrêt à l'angoisse d'anéantissement. Fantasmatiquement, l'inceste n'est pas advenu — il y a bien « perte » — mais, le sujet est sauf. Parallèlement s'ouvre l'accès à la jouissance barré jusqu'à la puberté par la néoténie. A condition que deux fonctions de l'appareil psychique puissent jouer sans entraves excessives : la capacité de transformation (ou de substitution) et les processus de déplacement. L'automatisme de répétition et la condensation excessive œuvrent potentiellement contre elles.

Chez l'adolescent suicidant, la génitalité est marquée d'un double emblème : inceste et parricide. Sexualité et mort, érotisme et destructivité se confondent. Attrait ? Néant ! Et à rebours du chemin de Thèbes ? C'est autant le chant des sirènes que la danse des piranhas. Ici encore le désir de l'objet aimante un sujet qui s'y perd sans que nulle prise, apparemment, freine la spirale vers l'indifférenciation ou l'engloutissement cannibalique. Les fantasmes cessent d'être des fantasmes (dans leur valence économique en tout cas). L'activité de représentativité est embrasée : on ne joue plus avec le feu, on est dans le feu.

On a beaucoup dit de l'adolescent suicidant qu'il devait se défendre contre la passivité. C'est vrai, mais trop peu spécifique. S'il doit lutter si farouchement contre tout ce qui est susceptible d'éveiller l'écho d'une soumission passive, c'est non seulement à cause du contenu fantasmatique qui sous-tend ce sentiment, mais parce que vient un moment où la fanstasmatisation même, qui est un des signes de l'activité de liaison de l'appareil psychique, est déliée, dé-tressée. La seule « solution » à disposition reste souvent le retournement du passif en actif, mécanisme de défense infiniment plus coûteux que le double retournement (de l'objet contre le sujet et d'actif en passif) décrit par Freud dans des organisations psychopathologiques où l'activité de représentation, en principe, n'est pas mise en cause.

C'est à cette lumière qu'il faut comprendre le rôle pathogène des circonstances de la vie (des « life events »). Le passage à l'acte suicidaire est fréquemment précédé d'un ou de plusieurs événements, dans la réalité extérieure, qui représentent, sur le plan de la réalité interne, la confirmation de l'échec des efforts pour se libérer de la dépendance infantile aux imagos parentales. En exprimant les choses un peu différemment, c'est l'échec du mouvement vers le primat de la génitalité, vers cette position d'un sujet qui s'est extrait fantasmatiquement de la relation du couple parental et devient du même coup seul porteur de sa dialectique d'être désirant/être désiré. Les faits extérieurs agissent donc plus par redondance que dans une implication causale. Les menaces de l'attrait régressif peuvent alors devenir trop fortes et la tentative de suicide apparaître comme la seule solution active pour échapper à un sentiment catastrophique de soumission *passive*, à une panique d'anéantissement.

Je pense essentiel de garder à l'esprit qu'une tentative de suicide constitue un moyen désespéré de s'*individualiser*, de gagner une position de sujet, mais en même temps — et c'est pourquoi l'adolescent suicidant se trouve pris dans une action paradoxale, c'est-à-dire symptomatique — son geste est aussi une reddition, une quête d'un état narcissique d'*union indifférencié*, de nirvāna. La poursuite simultanée de ces deux buts opposés et inconciliables est rendue possible par la force des mécanismes de clivage qui cisaillent l'appareil psychique.

Comme je viens d'évoquer l'idée d'individualisation, une parenthèse s'impose sur deux concepts auxquels j'avais accordé une place importante [12] : la séparation individualisante et l'angoisse de séparation. Le premier se réfère à une phase du développement du petit enfant où se constitue une première représentation différenciée de soi et de l'objet. Réflexion faite, cette notion qui renvoie à un passé très lointain me semble prêter à confusion si on l'applique à la psychopathologie de l'adolescence sans autres précisions. En effet, si on l'utilise comme modèle explicatif (échec du processus de séparation-individualisation), qu'on le veuille ou non, on fait passer au second plan tout ce qui jalonne la suite du développement. Cette position théorique a des implications thérapeutiques dont il ne faut pas sous-estimer les conséquences : le travail centré sur un soi-disant archaïque. Même si on ne va pas aussi loin et qu'on utilise ce concept dans un sens strictement métaphorique, le risque n'est pas négligeable de perdre de vue l'étape que doit franchir l'adolescent et dont l'approche fait justement capoter l'organisation psychique, l'assomption de la génitalité via le déclin de l'Œdipe et le désengagement de la scène primitive, et d'oublier parallèlement son incapacité à se sentir en sécurité dans des positions massivement régressives. C'est une manière de reposer le problème de la différence dans d'autres termes. Lorsqu'il y a impasse dans le développement, de manière générale, la confrontation à l'ultime différenciation, du masculin et du féminin, n'est pas soutenable, car elle fait *perdre* l'objet, mais un cran d'arrêt est envisageable contre l'autodésintégration : « coller » au même. Chez l'adolescent suicidant, plus spécifiquement, cette planche de salut disparaît.

Quant à l'angoisse de séparation, elle correspond à une idée trop vague parce qu'elle est universelle. Qui n'est pas angoissé par la perspective d'une séparation, sans pour autant se sentir acculé à la seule solution du suicide ? Et comment éviter la confusion entre une référence métapsychologique et une référence purement sociologique, axée sur les vicissitudes de la vie quotidienne ? On propose aujourd'hui des tests pour mesurer l'angoisse de séparation [16] !

Ce qui m'apparaît plus spécifique, c'est de cerner la nature des fantasmes propres à chaque sujet — et à chaque adolescent suicidant — devant l'échéance d'une séparation. Autrement dit, de se centrer sur les représentations conscientes et inconscientes qui sont la caratéristique de l'espace psychique. Encore une fois, s'il s'agit d'une simple question de perte et de substitution, le problème n'est pas trop grave, c'est celui de la dépression, accompagnée de honte ou de culpabilité. Les vicissitudes des relations à l'objet de l'adolescent suicidant sont d'un autre ordre. L'angoisse de séparation est souvent sous-tendue par des fantasmes du registre anal et un jeu d'identifications projectives pathologiques : rétorsions de tous ordres, pénétrations, mutilations ou mises en pièces. Cette analité, faut-il encore le préciser, n'est pas celle du stade sadique-anal classique, si anté-œdipien qu'il est souvent mêlé étroitement à l'Œdipe et fonctionne selon le principe du double retournement générateur d'un sadomasochisme de bon aloi. C'est une analité beaucoup plus primaire, au sens où l'entend. A. Green [9], rempart contre la psychose, où le narcissisme est sollicité sur un mode quasi existentiel. Dès lors, l'angoisse de séparation est indissociable de son pendant, qui est une angoisse persécutive liée à la peur d'intrusion de l'objet. Le lecteur percevra bien sûr au passage combien la solution perverse pourrait être rassurante pour l'adolescent suicidant en favorisant un ancrage de l'appareil psychique et une relation non paniquante à l'objet, « refroidi » par la fétichisation. Le prix en serait toutefois élevé : la « fermeture » avant l'heure du psychisme ; l'engagement thérapeutique doit permettre d'éviter cette voie-là également.

La tentative de suicide est une attaque destructive du corps, du corps sexué — adulte — certes ! Mais que signifie donc ce corps pour qu'il faille ainsi s'en défaire ? Il est à la fois quelque chose de propre au sujet, qui devrait pouvoir s'intégrer dans une autoreprésentation de sujet homme ou femme, et un objet ou des objets « autres », éminemment persécuteurs qu'il s'agit de réduire au silence. Le corps est donc lieu de projection de toutes sortes de fantasmes et d'affects dont l'adolescent cherche à se défaire à tout prix : la haine, la rage, l'impuissance, l'envie, le désespoir, l'avidité, la frustration ; l'image du couple parental adulte auquel il faudrait s'identifier, mais tellement « attaqué » que les peurs de rétorsion l'emportent de loin sur les perspectives d'un quelconque gain narcissique. Ainsi, autre paradoxe, la tentative de suicide est dirigée contre soi, mais simultanément contre une « autre » fantasmatique, haïssable et persécutant, *confondu* totalement avec la nouvelle image du corps masculin ou féminin. Le corps est le persécuteur par excellence.

La sexualité est fuie dans sa dimension adulte de complémentarité (que j'oppose à l'idée d'auto-érotisme ou d'autosuffisance narcissique). On retrouve néanmoins chez les adolescents suicidants quantité de désirs sexuels chargés de culpabilité qui sont satisfaits fantasmatiquement par la tentative de suicide.

Par rapport aux pulsions, on peut distinguer deux cas de figure qui interviennent chacun dans des proportions variables selon les cas. Une prédominance de destructivité va de pair avec des fantasmes de suppression de l'objet (qui pointent dans la direction de la toute-maîtrise perverse). Une prépondérance d'érotisme s'accompagne de fantasmes de réunion avec l'objet où la prime de plaisir est qualitativement différente. Cette distinction est en partie artificielle, dans la mesure où l'on a affaire, dans le passage à l'acte lui-même, à l'émergence d'un pulsionnel brut, non lié, mais elle n'est pas dépourvue de tout intérêt par rapport au processus thérapeutique qui pourra éventuellement s'engager et à son issue. En effet, derrière la question du contenu du fantasme et de la nature de l'objet investi, on retrouve celle de l'activité de liaison-déliaison-reliaison. Dans le premier cas, le narcissisme établit son alliance privilégiée avec la destructivité ; dans le second cas, avec l'érotisme.

Le rôle du Surmoi intervient bien sûr ici en priorité car, aussi régressifs que puissent paraître les fantasmes sexuels au premier abord, ils cachent souvent des fantasmes d'accomplissement incestueux et d'intrusion violente dans la scène primitive. Le modèle proposé par Freud dans *Deuil et Mélancolie* peut servir de base à toute réflexion métapsychologique sur la cassure *(« breakdown »)* du processus d'adolescence, à cette nuance près que la topique décrite chez le mélancolique est moins clairement perceptible chez l'adolescent malade : les clivages et projections établissent cette relation très particulière de haine avec le corps propre qui estompent temporairement les limites du psychisme.

Enfin, une tentative de suicide signe une insupportable souffrance psychique : ces adolescents peuvent être torturés très longtemps par leurs pensées, leurs émotions, leur angoisse, mais le geste suicidaire gomme tout aussitôt cette souffrance. L'agir, le passage à l'acte, la met hors psychisme, en dehors de l'espace où elle aurait à être éprouvée et élaborée comme telle.

La tentative de suicide est une preuve patente de l'effondrement de l'estime de soi, de la dépression « dépassée », mais elle correspond aussi à un effort éperdu pour restaurer cette même estime de soi. Beaucoup de sentiments de toute-puissance sont mobilisés dans un geste suicidaire.

J'ai exprimé, au début de ce texte, mes doutes sur l'efficacité d'une *prévention primaire* du suicide. Mes réserves sont probablement plus compréhensibles maintenant, à la lumière de considérations psychopathologiques. Elles tiennent à ce que nous savons tous, par expérience, de la force de la pathologie et des mécanismes compulsifs auxquels les adolescents suicidants sont soumis, qu'ils le veuillent ou non.

En plus des caractéristiques individuelles du fonctionnement psychique interviennent, comme Allen [1] l'a fort judicieusement relevé, des mécanismes de déni collectif des risques, voire de la réalité même du suicide à cet âge, mécanismes qui constituent également un obstacle majeur aux efforts des spécialistes de la prévention. Ce déni peut entraîner une cécité complète face à des indices parfaitement clairs sur les intentions d'en finir. Cela étant connu, la question est de savoir si les limitations de perception de l'entourage d'un futur suicidant sont dépassables ou non. Certes, nous aimerions pouvoir répondre affirmativement, en étant confiants dans des caractéristiques humaines aussi banales que l'empathie. Mais ce serait faire fi un peu rapidement de notre part d'inconscient. Une information précise et répétée des collectivités peut-elle faciliter les choses ? Certains y croient ferme. Effectivement, plusieurs expériences personnelles à Genève m'ont montré à quel point le public pouvait être ébranlé par quelques indications simples sur la réalité et l'ampleur du phénomène. Mais il y a loin de l'intention à l'acte et je n'ai jamais constaté de réelle mobilisation permettant de mettre sur pied une prévention primaire qui aurait les moyens de ses ambitions. Tout récemment, quelques travaux, dont ceux de Brent [3] attirent l'attention sur une certaine efficacité des mesures qui rendent moins facilement accessibles les instruments pour se donner la mort. Je renvoie simplement le lecteur à mes remarques initiales sur les pharmacies domestiques et les prescriptions médicales pour souligner l'ampleur de la tâche de ceux qui voudraient mettre en pratique un tel principe.

Je crois par contre davantage à une *prévention secondaire*, c'est-à-dire à l'ensemble des dispositions qui devraient être prises après une tentative de suicide. Les œillères, en général, disparaissent ; avant qu'elles ne se remettent en place, le moment est favorable pour aider l'entourage à faire face à l'étonnement, à la colère, à la souffrance, voire à la culpabilité de n'avoir rien pu faire pour empêcher le geste et à trouver, pour assimiler ces émotions pénibles, d'autres moyens que le refuge dans la banalisation. Cette action préventive est d'autant plus importante qu'elle a souvent des répercussions directes sur l'engagement ultérieur de l'adolescent suicidant dans un traitement personnel. A cet égard, aucune économie de moyens ne se justifie : c'est la totalité de nos ressources d'intervention sur le plan thérapeutique et psychosocial qui doit être mobilisée.

Les restrictions que je fais sur la réelle efficacité d'une prévention primaire des tentatives de suicide ne doivent cependant pas nous faire perdre de vue d'autres buts, plus limités peut-être mais néanmoins essentiels par rapport à la dépression et à la dépressivité. Dans ce domaine, les mécanismes de déni collectif sont probablement moins serrés, aussi une large information du public a-t-elle des chances de porter ses fruits. L'effort principal doit viser les trois secteurs de la société les plus directement concernés : parents, corps enseignant et spécialistes de la santé. Toutes ces personnes doivent être rendues attentives aux manifestations habituelles d'une maladie dépressive comme l'échec ou le fléchissement scolaires, l'isolement progressif, les mauvaises relations avec les pairs, les sentiments de non-valeur, les plaintes physiques que n'explique aucune maladie organique (fatigue, maux de ventre, ennuis digestifs, douleurs dorsales, céphalées, crampes, vertiges ou nausées, troubles du sommeil), sans parler des comportements à caractère compulsif, échappant aux possibilités de contrôle conscient (addictions, jeûne ou boulimie, fugues, promiscuité, incapacité à rester seul). A ce stade, le conflit de l'adolescent dans sa relation avec son corps est ouvert. Il n'est pas encore devenu, comme chez le jeune suicidant, cette relation de haine avec le corps, conflit en circuit fermé qui ne dérange plus personne !

Il n'est pas dans mes propos d'aborder ici le problème du traitement des adolescents suicidants, mais je ne voudrais pas conclure ce texte sans une mise en garde sur les interventions de crise, qui sont tellement à la mode aujourd'hui et qui ont parfois la faveur des responsables politiques des systèmes de santé. La découverte par les patients qu'ils bénéficient, à un moment tout à fait particulier, de soins attentionnés et massifs, qui leur sont retirés aussitôt la soi-disant « crise » passée, constitue un encouragement implicite à perpétuer une conduite suicidaire pour retrouver un « contenant » sécurisant. Ce comportement peut éventuellement devenir, au fil des ans, un mode d'adaptation au monde en grande partie iatrogène. La prévention secondaire des tentatives de suicide doit être conçue comme une entreprise de très longue haleine incluant à la fois la dimension psychothérapique et toutes les autres mesures psychosociales nécessaires à chaque cas particulier.

RÉFÉRENCES BIBLIOGRAPHIQUES

[1] ALLEN B.P., « Youth Suicide », *Adolescence* (San Diego), 22, 1987, p. 271-290.

[2] American Psychiatric Association, *Manuel diagnostique et statistique des troubles mentaux (DSM-III)*, trad. française, Paris, Masson, 1983.

[3] BRENT D.A., « Correlates of the medical lethality of suicide attempts in children and adolescents », *J. Amer. Acad. Child Adol. Psychiat.*, 26, 1987, p. 87-89.

[4] CARLSON G.A., CANTWELL D.P., « Suicidal behavior and depression in children and adolescents », *J. Amer. Acad. Child Psychiat.*, 21, 1982, p. 361-368.

[5] CHAUVIN J.-M., *États dépressifs de l'adolescence*, thèse de médecine, Genève, 1986.

[6] CLARKIN J.-F. et al., « Affective and character pathology of suicidal adolescent and young adult inpatients », *J. Clin. Psychiat.*, 45, 1984, p. 19-22.

[7] CRUMLEY F.E., « Adolescent suicide attempts », *J. Amer. Med. Assn.*, 241, 1979, p. 2404-2407.

[8] DAVIDSON F., PHILIPPE A., *Suicide et tentatives de suicide aujourd'hui. Étude épidémiologique*, Paris, INSERM & Doin, 1986.

[9] GREEN A., Séminaire de Genève, 1983-1987 (non publié).

[10] GUTTON P., « Dépressivité et stratégies dépressives », *Adolescence*, 4, 1986, p. 171-178.

[11] HOLINGER P.C., « Adolescent suicide : an epidemiological study of recent trends », *Amer. J. Psychiat.*, 135, 1978, p. 754-756.

[12] LADAME F., *Les tentatives de suicide des adolescents*, Paris, Masson, 1981 (2e édition 1987).

[13] LAUFER M., LAUFER E., *Adolescence and developmental breakdown*, New Haven, Yale University Press, 1984.

[14] OTTO N., « Suicidal acts by children and adolescents : a follow-up study », *Acta Psychiat. Scand.*, 1972 (Suppl. 233).

[15] TOOLAN J.H., « Depression in children and adolescents » *in* G. CAPLAN and S. LEBOVICI eds., *Adolescence, psychosocial perspectives*, New York, Basic Books, 1969, p. 264-270.

[16] WADE N.L., « Suicide as a resolution of separation-individuation among adolescent girls », *Adolescence* (San Diego), 22, 1987, p. 169-177.

35

2. LE SYNDROME DE L'ADOLESCENT SUICIDAIRE : CONSIDÉRATIONS CLINIQUES

Mounir H. SAMY

INTRODUCTION : QUELQUES NOTES ÉPIDÉMIOLOGIQUES

Le taux de suicides parmi l'ensemble de la population a augmenté considérablement depuis une dizaine d'années [1], alors que le niveau d'âge moyen de l'individu suicidaire a baissé de 20 à 40 années [2]. Aujourd'hui, ce ne sont plus les personnes âgées, mais bien les adolescents et les jeunes adultes d'âge parental qui sont les plus vulnérables au suicide. Le taux de suicides en Amérique du Nord a augmenté de 200 % dans ce groupe d'âge [2, 3]. Au Québec, deux suicides sur trois sont commis par des jeunes entre 16 et 19 ans [4]. Le suicide est ainsi devenu la deuxième cause de décès parmi les jeunes (la première étant les accidents de la route). Chez les plus jeunes, le suicide n'est plus rare [5]. Les suicidés entre 10 à 15 ans représentent 7 % de l'ensemble, alors que 8 % d'enfants référés à une clinique de psychiatrie infantile démontrent un comportement suicidaire [6]. Nous savons aussi que le suicide a augmenté parmi les femmes, et que les femmes suicidaires choisissent des moyens plus violents [2]. Ces chiffres ne démontrent pas seulement l'ampleur et la gravité du problème, mais indiquent également sa généralisation dans la société.

Suicide et tentative de suicide

Le problème des tentatives de suicide est, de toute évidence, intimement relié à celui des suicides accomplis. Pourtant, tout indique qu'il en est distinct. Il ne faut pas confondre le problème des tentatives de suicide avec celui du suicide accompli. Nous savons, par exemple, que, durant les vingt dernières années, le rapport entre le suicide et les tentatives de suicide a graduellement changé. Ce rapport était de 1 sur 10, estimé plus tard à 1 sur 50, ensuite à 1 sur 100 [7] et se situe probablement aujourd'hui à 1 sur 150 ou 200 [8]. Le taux de tentatives de suicide a augmenté de 400 % chez les adolescents, et l'on calcule qu'il y a tous les ans quatre mille tentatives de suicide au Québec seulement [4], mais le double serait une estimation générale plus réaliste. D'autre part, nous savons que la gravité est faible ou moyenne dans 90 % des tentatives de suicide lorsque mesurée sur une grille d'évaluation du risque/secours [6]. Cela signifie que la grande majorité des gestes suicidaires ne mettent pas la vie réellement en danger. Ces chiffres nous indiquent que le phénomène des tentatives est bien trop fréquent par rapport à celui des suicides complétés pour croire que chaque tentative est l'équivalent d'un suicide raté. Il en découle également que l'intention létale est probablement absente quand la tentative de suicide ne met pas vraiment la vie en danger. L'expérience clinique à l'appui, nous sommes donc convaincus que le comportement suicidaire des adolescents est un syndrome partiellement distinct de celui du suicide accompli. Plusieurs auteurs sont arrivés à la même conclusion [6, 9, 10, 11, 12, 13, 14, 15]. Certains ont même suggéré de modifier la dénomination de ce syndrome et proposé de nouvelles appellations telles que « faux suicide » et « para-suicide » [16, 17, 18]. L'intention, souvent inconsciente, des jeunes qui exhibent un comportement autodestructeur est une intention surtout messagère et non léthifère, et c'est cela, à notre avis, la différence principale entre les deux groupes.

La comparaison du tableau clinique des deux groupes fait également ressortir plusieurs différences qui, bien que relatives, demeurent importantes [6]. Le groupe de jeunes qui se donnent la mort est composé surtout de garçons, avec un âge moyen de 19 ou 20 ans. Leurs relations sont stables ; néanmoins, ils souffrent, dans un tiers des cas, de maladie psychiatrique ou de trouble psychologique sévère. Ces jeunes sont souvent isolés, et leurs troubles sont peu visibles et difficiles à déceler. Ils recherchent activement la mort, souvent motivés par une pulsion suicidaire. Leur intention ne vise pas des changements chez autrui, mais plutôt de mettre fin à un état psychique intolérable. Il s'agit donc d'un objectif autoplastique. Des antécédents sont peu probables. Il y a absence apparente de pertes objectales ou autres facteurs de stress. La performance scolaire est probablement excellente. Ils viennent souvent d'une famille qui recherche activement une réussite sociale pour leurs enfants. Il y a quelquefois maladies psychiatriques et suicides dans la famille. Le moyen choisi pour se donner la mort est souvent violent, par exemple, la strangulation ou les armes à feu.

En comparaison, le groupe des jeunes qui effectuent des tentatives de suicide est composé majoritairement de filles. La moyenne d'âge est plus jeune : de 15 ou 16 ans. Les liens affectifs sont très instables, et la presque totalité de ces jeunes ont des problèmes psychosociaux de longue date. Leur détresse est plus apparente et peut donc être plus facilement détectée. Il y a désir de fuite et confusion. L'intention plus ou moins consciente est de modifier leur milieu socio-affectif. Le comportement suicidaire, par conséquent, communique un message à l'entourage adulte ; il est alloplastique. Des tentatives antérieures sont plus probables. Il y a carence précoce et événements déclenchants. La performance scolaire est médiocre ou peu valorisée. La famille est peu ambitieuse ou peu soucieuse de la réussite des enfants. Il y a plusieurs problèmes physiques et psychiatriques chez les proches avec parfois antécédents de tentatives de suicide. Le moyen choisi pour la tentative de suicide est non violent, par exemple une overdose, et l'adolescent met rarement sa vie en danger.

Il existe, bien sûr, un chevauchement entre les deux groupes. Un facteur de hasard dans les deux sens : des tentatives qui se veulent fatales et des suicides pour ainsi dire « accidentels ». Aussi, avec la répétition de tentatives de suicide toujours plus graves et une détérioration de sa condition de vie, un jeune acquiert en définitive cette pulsion de mort. 10 % des adolescents suicidaires se trouvent dans cette zone grise. Il s'agit ici de suicide « presque accompli ». L'importance évidente de ce petit groupe sur le plan de l'urgence médicale et celui de l'éthique a fait peut-être que l'on a négligé la spécificité clinique de la grande majorité (90 %) des adolescents qui, eux, présentent un comportement suicidaire sans risque létal.

Il y a eu trop longtemps confusion entre la gravité physique de l'acte suicidaire (le degré auquel la vie a été mise en danger) et la gravité psychologique (le degré de détresse mentale et la gravité psychopathologique individuelle de l'acte). Combien de personnes sont encore détournées de la salle d'urgence et renvoyées chez elles avec des étiquettes d'« hystérie » ou de « manipulations » parce que leur geste suicidaire était sans danger physique ? Nous croyons, au contraire, qu'il n'y a pas de rapport entre le risque létal d'un acte suicidaire et le degré de détresse et de douleur mentale associé au geste. L'expérience clinique nous a appris que, même si ces jeunes ne cherchaient pas vraiment à mourir, leur détresse psychique est toujours intense. C'est à cette détresse morale sous-jacente à toute menace ou tentative de suicide, même les plus bénignes, que l'intervenant doit être attentif. Les menaces de suicide méritent la même attention que celle portée aux tentatives. La menace suicidaire est, sur le plan clinique, l'équivalent d'une tentative. L'homogénéité des patients qui font des menaces et ceux qui passent à l'acte a été plusieurs fois démontrée [19, 20].

L'emphase est ainsi partiellement détournée du danger létal du comportement suicidaire pour se porter sur la totalité de l'individu. Lorsqu'on a dissocié gravité physique et gravité psychique, on comprend mieux l'urgence, l'importance et la spécificité de l'intervention de crise auprès des adolescents qui se présentent avec menaces ou gestes suicidaires. Un geste ou même une menace suicidaire est toujours un acte grave. Cette distinction que nous préconisons entre le syndrome des tentatives de suicide et le suicide accompli est valable sur le plan clinique et se traduit par des approches d'interventions différentes. Son avantage principal est de reconnaître l'appel à l'aide quel que soit le risque encouru. Il n'en est pas de même, comme nous le verrons plus loin, de la compréhension psychodynamique et particulièrement des facteurs inconscients qui sont en jeu. En effet, puisque le comportement suicidaire s'inscrit de toute manière dans l'échec du développement adolescent, il serait superflu et probablement faux de distinguer au niveau de l'analyse intrapsychique entre tentative et suicide accompli.

LES FACTEURS DÉTERMINANTS DU COMPORTEMENT SUICIDAIRE

L'adolescent se trouve, par définition, au carrefour de changements multiples qui surviennent simultanément dans plusieurs sphères de sa vie. Ces phénomènes qui sont entre autres biologiques, sociaux et psychologiques, s'inscrivent à l'intérieur d'un processus de développement. Le comportement suicidaire peut être considéré comme l'expression d'un désordre ou de l'échec de ce processus. Les facteurs impliqués sont nombreux et complexes [21]. Nous ferons ici un inventaire rapide de ces facteurs tels qu'ils nous apparaissent, et choisirons pour cet inventaire les trois rubriques suivantes :

1) la motivation et l'intention ;
2) les facteurs psychosociaux,
3) la psychopathologie.

La motivation et l'intention

L'intention véritable ainsi que la motivation qui soutiennent et actualisent le geste suicidaire sont de loin les facteurs de risques les plus déterminants de l'issue de ce geste et les indicateurs les plus précieux de son sens profond.

La motivation

Nous pouvons distinguer entre trois types de motivations : rationnelle, pulsionnelle et impulsive.

La motivation *rationnelle* de suicide est extrêmement rare. Elle suppose la présence d'une menace extérieure et l'absence de psychopathologie. La motivation au suicide qui se résume à une décision rationnelle se retrouve presque exclusivement dans les cas d'euthanasie. La mort de Luc en est un exemple.

> LUC est hospitalisé depuis plusieurs mois pour un cancer des os qui se propage rapidement. Les interventions médicales restent sans succès et ajoutent encore à ses souffrances atroces. Il reste pourtant lucide et ne présente aucune psychopathologie. A 17 ans, Luc est en phase terminale. Il répète que c'est son agonie et sa mort que l'on prolonge et non sa vie. Ses arguments réussissent à convaincre la travailleuse sociale qui lui procure une quantité suffisante d'analgésiques et l'aide ainsi à mettre fin à ses jours.

Il ne faut surtout pas confondre entre la décision rationnelle et la rationalisation qui est une défense bien connue chez les adolescents. La rationalisation cherche à donner des explications apparemment rationnelles à des motivations d'un autre ordre, conflictuelles et inconscientes, comme dans le cas suivant :

> L'homosexualité de Pierre n'a jamais été acceptée par sa famille, surtout par son père qui est un juge éminent. Pierre est un adolescent doué et sa performance scolaire très bonne. Il se présenta à nous profondément déprimé et justifia en ces mots son intention suicidaire : « Je n'ai pas choisi de vivre et j'ai donc parfaitement le droit de me donner la mort. »

Certains adolescents ont un discours pseudo-philosophique, apparemment rationnel, mais qui cache mal la vraie nature de leur détresse.

Le deuxième type de motivation, c'est la motivation *pulsionnelle*. La motivation pulsionnelle est presque toujours psychotique. Il y a pulsion de suicide à l'intérieur d'une psychopathologie clinique sévère. C'est le cas, par exemple, de l'adolescent schizophrène qui, dans son délire ou ses hallucinations, reçoit l'ordre de suicide. C'est le cas aussi de l'adolescent qui souffre de dépression endogène, surtout si cette dépression est sévère ou mal contrôlée.

A moins d'un traitement efficace de la psychopathologie, une pulsion suicidaire va chercher inlassablement à s'exprimer jusqu'au suicide accompli. Des ruminations suicidaires mèneront souvent à un plan de suicide. L'état suicidaire est intense et chronique. Le risque de suicide accompli est ici extrêmement élevé. Nous savons, par exemple, que le taux de suicide, parmi la clientèle psychotique, est quatre fois plus élevé que parmi la population générale. Dans le cas d'une pulsion suicidaire, des mesures de prévention du suicide doivent donc être immédiatement mises en place.

Les deux types de motivation citées sont relativement peu fréquentes. En effet, c'est de motivation *impulsive* qu'il s'agit dans la majorité des cas.

Plusieurs auteurs admettent que le comportement suicidaire des adolescents est de nature impulsive. Peu d'études pourtant ont été faites sur cet aspect du comportement suicidaire. C. William *et al.* [22] définissent l'impulsivité (pour fins de recherche) à un acte suicidaire dont la préméditation est inférieure à cinq minutes. Il ressort de l'étude de 350 cas de tentatives de suicide, sans limite d'âge, que 40 % des tentatives répondent au critère de l'impulsivité. Les différences entre les deux groupes (celui des tentatives impulsives et non impulsives) ont été étudiées. Il en est ressorti que le groupe de tentatives impulsives est composé de patients moins dépressifs. Ces patients envisagent plus fortement la possibilité de survivre, et il est plus probable que quelqu'un ait pris connaissance de l'intention de leur acte ou que quelqu'un ait été témoin de l'acte lui-même. Finalement, ces patients semblent avoir réagi à un état de tension aiguë. Par contre, aucune distinction statistiquement valable n'est ressortie entre les impulsifs et les non-impulsifs concernant d'autres facteurs tels l'âge, le sexe ou l'utilisation d'alcool ou de drogue.

Les tentatives de suicide de nature impulsive sont donc moins dangereuses et semblent vouloir attirer l'attention d'une autre personne. Cela confirme la thèse que ces jeunes ne recherchent pas véritablement la mort et leur intention a essentiellement valeur de message.

Trop souvent, l'impulsivité du geste suicidaire (surtout s'il a été sans conséquences physiques) a contribué à son incompréhension ou à la réduction du sens des événements qui l'ont immédiatement précédé. Nous croyons que ceci est une grave erreur. L'impulsivité, bien que ponctuelle, est en réalité l'expression d'une psychopathologie de longue date. Le comportement suicidaire impulsif est une réaction spontanée à un stress qui n'est pas qu'immédiat, mais aussi continu et alimenté par des difficultés interpersonnelles de longue date.

Les tentatives de suicide impulsives ont donc une portée communicative importante et, en dépit de leur aspect ponctuel, elles sont reliées à la totalité de l'individu et à son histoire tant passée que présente.

L'exécution du geste impulsif dépend en grande partie de la disponibilité des moyens. Des armes à feu dans la maison, des médicaments qui traînent, des objets tranchants à vue et à portée, rendent plus immédiat et facile le geste suicidaire. Il en découle des leçons évidentes pour la prévention et l'intervention de crise.

L'intention

Le discours de l'adolescent ne correspond pas toujours à sa réalité psychologique. Souvent les mots et les gestes se contredisent. Une évaluation approfondie est nécessaire pour déterminer quelle est l'intention de son acte suicidaire et quel en est le degré de clarté. Il est faux de penser que l'intention est toujours létifère ou qu'elle s'exprime de façon non équivoque. L'intention peut se manifester de manière ambiguë ou bien masquée, comme par exemple dans les cas de strangulation auto-érotique. Elle peut être largement inconsciente comme dans certains cas d'accidents routiers dus à la vitesse ou à une conduite irresponsable. Enfin l'intention peut être marginale, tels les cas des jeunes drogués dont le comportement évoque une sorte de suicide « chronique » [23].

Essayer de déterminer l'intention d'un acte suicidaire, c'est aussi chercher le sens profond qui lui est attribué. Comment expliquer *ce* geste suicidaire chez *ce* patient en *ce* moment [24] ? Nous découvrons alors que le sens profond de l'acte se cache dans une histoire tout à fait individuelle.

Le désir de suicide est quelquefois une réaction à une peur exagérée de la mort. La tentative de suicide d'André est un exemple d'une réaction que l'on peut appeler contrephobique.

ANDRÉ souffre d'une lymphangiectasie congénitale, maladie grave et mal connue. Il a été pris en charge depuis sa naissance par l'équipe médicale de l'Hôpital de Montréal pour Enfants. A 12 ans, sa mère, veuve, décide de rejoindre son ami aux [...] et de s'y installer. André ne se sent pas en sécurité aux [...]. Les médecins là-bas ne le connaissent pas ; l'hôpital local lui est étranger. A sa prochaine crise, il ne pourra pas être sauvé. André entre dans un état de panique et prend une overdose. Sa tentative réussit, en quelque sorte, puisque la mère, sans hésitations, fit venir une ambulance et le ramena à Montréal.

La tentative de suicide dissimule souvent une pensée magique. Exemple, le fantasme d'une « réunion » [25]. Elle est l'expression d'un désir de changement, de renouvellement ou de révision de sa vie. Quand il se « réveillera », sa vie aura changé ou encore il recommencera de zéro. Au niveau intrapsychique, un sentiment d'omnipotence infantile est ici en action. Les fantaisies de réincarnation sont souvent présentes. Martine nous en donne un exemple.

MARTINE, *13 ans*, n'a jamais accepté le divorce de ses parents qui date pourtant de plusieurs années. Elle s'entend mal avec les concubins de ses parents et ne se sent chez elle nulle part. Elle espère toujours que ceux-ci se réuniront un jour. Peu de temps après que son père lui eut annoncé son intention de se remarier, Martine prit une overdose. Dans son journal intime, elle dit vouloir mourir « parce que c'était beaucoup mieux avant ». Son geste exprime, à la fois, son impuissance, son désespoir, et la satisfaction fantasmatique de son désir.

L'acte suicidaire est un moyen ultime de faire l'expérience du contrôle de sa vie. Il ne s'agit pas seulement de mourir, mais de mourir selon *son* choix comme nous le montre cette histoire citée par M. Rosenthal [26] : « Un homme saute du pont Brooklyn et refuse de s'agripper à la corde que lui jette un policier dans un effort de le sauver. Voyant son refus, le policier dégage son pistolet et menace de tirer s'il ne s'agrippe pas à la corde. L'homme prit la corde et fut tiré hors de l'eau. » Le suicide de condamnés à mort s'explique de la même manière.

A cause des problèmes psychosociaux et de la psychopathologie individuelle, les adolescents en crise suicidaire se sentent isolés, exclus de leur monde adulte familier. Des structures externes et internes qui sont indispensables à définir une vie et à lui donner un sens deviennent inadéquates. Le chaos social et psychique que vivent ces jeunes est bien représenté dans le jeu de la roulette russe [26]. Une seule balle est introduite dans le réservoir d'un revolver. Le joueur fait rouler le cylindre du réservoir, porte le revolver à la tête et appuie sur la gachette. Les chances de se tuer sont d'une sur cinq. Ce jeu exerce une fascination particulière chez les jeunes, surtout aux États-Unis, et provoque un grand nombre de décès [27].

De façon moins violente, les intoxications médicamenteuses ressemblent étrangement à la roulette russe quand on considère l'aspect de jeu avec la vie. En effet, l'adolescent qui avale quinze ou vingt aspirines ne peut pas savoir de façon certaine l'effet que ces pilules auront sur ses organes vitaux et, s'il y a effet dommageable, les circonstances qui détermineront s'il pourra être secouru à temps ou non. Cet adolescent « joue » également sa vie. Le jeu de la « roulette pharmacologique » [28] est beaucoup plus fréquent qu'on ne le pense. Les tentatives de suicide de Félix en sont un exemple particulier.

> FÉLIX, adolescent de 16 ans venant d'un milieu très perturbé, souffre de diabète juvénile. Son père est mort il y a quelques années dans une bagarre avec son frère. Il entretient avec sa mère, qui est dépassée et tout à fait inadéquate, une relation empreinte d'une très forte ambivalence. Il bat sa mère à l'occasion. Ses actes de délinquance sont cause de renvoi scolaire. A plusieurs reprises, Félix joue à ce qu'il appelle sa propre roulette russe : il se bande les yeux et s'injecte sous la peau une quantité inconnue d'insuline. A quatre reprises, en l'espace d'un an, Félix a été tiré du coma.

Cet aspect de jeu se retrouve dans la plupart des tentatives de suicide et représente à notre avis un élément important du vécu de l'adolescent suicidaire, notamment son ambivalence. Une manière de laisser le destin décider de sa vie.

L'acte suicidaire est un acte de désespoir et d'impuissance, mais il a aussi, au niveau fantasmatique, un revers fait de contrôle et de renouveau. C'est donc principalement dans l'inconscient qu'il faut chercher le pourquoi de l'acte suicidaire et de l'expression particulière que prendra cet acte, par exemple, intoxication ou arme à feu. La tentative de suicide, comme tout symptôme psychologique, dramatise à la fois le conflit inconscient et une solution symbolique ou défensive de ce conflit. L'intervention thérapeutique misera pleinement sur le besoin de contrôle, de changement et de renouveau [29].

Le concept de mort dépend du niveau de maturation [30, 31]. L'adolescent ne conçoit pas toujours la mort comme une chose absolue et irréversible. Sa pensée est souvent d'allure concrète. Dans une situation de stress aigu ou bien sous l'effet d'intoxication médicamenteuse, il se manifeste une régression vers un état mental plus concret. A un niveau plus ou moins conscient, l'adolescent peut se croire immortel [23]. Mourir se confond souvent dans son esprit avec désir de fuite, départ, sortir d'une impasse, « dormir longtemps », ne plus sentir, ne plus grandir, changer de vie, « revenir comme avant », ou retrouver une paix perdue.

Natacha, 15 ans, a écrit ce poème quelques jours avant une sérieuse tentative de suicide.

A Misconception

Happiness
can you relate ?
envision a garden of roses in bloom
the sun is shining
the birds are singing
peace is tranquility
nothing changes
nothing rearranges
time lost is
time forgotten
nothing proceeds
perfection
True happiness
No, the end of the world

Une fausse conception[1]

Le bonheur
peux-tu te joindre ?
Imagine un jardin de roses en fleurs
le soleil brille
les oiseaux chantent
la paix est tranquillité.
Rien ne change
rien ne s'arrange
Le temps perdu est
temps oublié
tout s'arrête...

---

1. Traduit de l'anglais avec l'aimable collaboration du Dr Jacqueline Royer, psychiatre et poète.

perfection
Le vrai bonheur
non, la fin du monde

Au moment de l'acte suicidaire, il y a déni de la peur de la mort. Pour exécuter l'acte suicidaire, l'angoisse de la mort doit être atténuée au profit d'une régression vers une omnipotence infantile. « Je n'avais jamais pensé que ce serait douloureux », cité par M. Rosenthal [26]. E.C. Trauman [32] a répertorié le contenu de la pensée avant, durant et après le geste suicidaire. Il décrit une perte brève de contact avec la réalité et un trouble de la pensée rationnelle. Un moment d'impulsivité qui ressemblerait à un état de transe, immédiatement suivi par un « réveil » brusque aux conséquences de l'acte. Il y a alors panique et appel au secours. Le premier signe de vigilance mentale est le retour de la peur de la mort pourtant absente un instant auparavant.

Selon E.C. Trauman, cette perte momentanée de contact avec la réalité rend possible le geste suicidaire et s'explique par l'intensité de la douleur mentale provoquée par l'événement déclenchant, lequel prend souvent la forme d'une perte objectale.

Carl Tishler [33] accorde une attention particulière à l'intensité de la détresse mentale durant la crise suicidaire. Les adolescents qui ont fait une tentative bénigne de suicide se sont avérés plus anxieux et plus sensibles dans les rapports interpersonnels, plus hostiles et déprimés, souffrant d'éléments psychotiques et d'éléments obsessifs-compulsifs, et présentant une image de soi plus dévalorisée que leurs vis-à-vis non suicidaires. L'auteur conclut que ces adolescents étaient dans une plus grande détresse mentale.

Les déterminismes du comportement suicidaire reliés à la motivation et à l'intention se révèlent complexes et situés au cœur du problème. Tout en essayant de définir plusieurs aspects de ces notions, il nous paraît de plus en plus évident que seule l'évaluation complète de l'adolescent suicidaire permet une compréhenion juste du pourquoi de son geste.

Les facteurs psychosociaux

L'éclatement de la famille

L'éclatement et le désordre de la famille nucléaire ne sont pas étrangers au syndrome du suicide adolescent [3, 34]. Les données statistiques relatives à ces jeunes nous le montrent bien. Un parent (ou bien les deux) est absent du foyer dans 72 % des cas. Plus de la moitié ont un parent ayant contracté plus d'un mariage. Dans les familles monoparentales, le parent (le plus souvent la mère) travaille en dehors de la maison. Les familles dites reconstituées ne sont pas plus heureuses : 84 % des jeunes qui vivent avec un beau-parent disent s'opposer à sa présence. Plusieurs vivent dans des familles nourricières, des foyers de groupes ou des centres de dépannage. La dislocation de la famille peut tourner en chaos. En voici un exemple.

> MANON, *13 ans*, ne connaît pas la composition exacte de sa famille. Sa mère, adolescente et célibataire, est revenue habiter chez ses parents à la naissance de Manon. Elle entretient avec sa mère une relation qui s'apparente à une relation de pairs, alors que la grand-mère assume le rôle « maternel » et se fait appeler « mère ». Sa mère quitte le foyer à plusieurs reprises, emmenant parfois l'enfant. Manon a vu défiler plusieurs amants de la mère avant que celle-ci ne se marie. Elle appelle sa mère par son prénom. Vivent sous le même toit sa mère, son beau-père, deux demi-frères (de pères différents), les enfants de son beau-père et le dernier issu du mariage...

L'éclatement de la famille nucléaire n'est pas particulier au problème du suicide. Par contre, ce qui semble être spécifique, c'est sa manifestation tôt durant l'enfance. La carence affective résulte de la double absence physique et émotive des deux parents. Les séparations sont souvent multiples, échelonnées sur plusieurs années. Plus de la moitié des adolescents suicidaires ont un parent qui souffre de maladie physique. Les problèmes psychiatriques sont fréquents ; au premier rang on relève l'alcoolisme et la dépression. 20 % des adolescents suicidaires ont un parent suicidé. Ces adolescents, particulièrement vulnérables, posent des gestes suicidaires à un âge plus précoce.

> Avant son suicide, la mère de THIERRY lui dit : « Tu me rejoindras au ciel. » Elle quitte la maison en auto et provoque un accident mortel. Auparavant, elle avait fait plusieurs tentatives

de suicide. Thierry, aliéné dans sa relation avec un père froid et distant, a tenté quelques mois plus tard de se tuer par strangulation.

La discontinuité de l'expérience

La vie de l'adolescent suicidaire est marquée par la désertion affective des adultes de son entourage et par le morcellement de son existence.

Il y a plusieurs changements importants et problématiques dans la vie de l'adolescent suicidaire qui sont intervenus dans les six mois antérieurs à une tentative de suicide. Ces changements, autant de ruptures de son vécu, sont quatre fois plus nombreux que chez l'adolescent moyen [35]. Parmi ces changements, il y a la séparation des parents ou leur divorce, le partage de la garde des enfants, le concubinage d'un parent, le remariage, la naissance d'un demi-frère ou d'une demi-sœur, le parent change d'ami(e), les enfants du concubin se joignent à la famille, etc. Chacune de ces altérations majeures entraîne une série de nouvelles modifications : changement de domicile, celui du quartier, de l'école, des amis, l'adaptation à de nouvelles personnes quasi étrangères partageant la même intimité. Bien plus, chaque changement réactive la détresse attachée à l'expérience de la première séparation.

La psychodynamique familiale

Sur le plan psychodynamique, la famille de l'adolescent suicidaire a fait l'objet de plusieurs observations [36, 37]. La mère a été décrite comme étant froide, rejetante sans toutefois négliger les besoins physiques essentiels. Le plus souvent, nous sommes en présence d'une mère très jeune, impuissante et dépassée par sa tâche parentale. Elle a un besoin de dépendance accru. Lorsque l'adolescent ne prend pas (dans un renversement de rôle) la responsabilité du bien-être affectif de sa mère, il est considéré comme un obstacle au bonheur et à la liberté de cette dernière. Le père est physiquement et émotivement absent de la vie de famille. Sa relation est distante et dépourvue d'affectivité. G. Zilborg [38] voit dans le suicide adolescent une identification au père absent.

L'adolescent se sent « de trop ». Il nous dit spontanément que son problème a commencé avec sa naissance. Il perçoit un désir parental, conscient ou inconscient, de se débarrasser de lui. Le bonheur de la famille dépend de sa disparition [39]. Il reçoit de ses parents des messages « suicidogènes » [3] qu'il va exécuter. En voici quelques exemples :

MARC, *17 ans*, récemment hospitalisé à la suite d'une intoxication médicamenteuse, est suivi en externe. Il pense encore au suicide. Pour ses 18 ans, son père lui fait cadeau d'un fusil de chasse.

MARIE, *14 ans*, a été secourue après une overdose importante. Son père, qu'elle idéalise, est mort dans des circonstances douteuses. Sa mère, très jeune, s'est vite remariée et a eu deux autres enfants. Marie ne s'entend pas avec son beau-père qu'elle accuse d'ailleurs de l'avoir sexuellement molestée quand elle avait 9 ans. C'est elle qui empêche la famille d'être « tranquille et heureuse ». Durant l'évaluation initiale de la famille, la mère s'est exclamée : « Le seul problème c'est qu'elle n'a pas réussi à se tuer. »

MONA a rédigé une sorte de testament avant de se couper les veines aux poignets. Dans sa lettre, elle exprime le vœu que ses parents déposent sur sa tombe des roses roses. Elle est cependant secourue et hospitalisée. Le lendemain, ses parents lui rendent visite avec un énorme bouquet de roses roses.

L'adolescent suicidaire entretient avec ses parents une relation de symbiose sans empathie. Un état infernal de dépendance sans amour.

Certaines familles réagissent au stress de façon bien particulière. Elles manifestent une réaction de faible intensité qui tend à minimiser la portée du conflit et ne cherchent pas à rétablir la communication entre ses membres. Cette réaction bien décrite par J. Richman [36, 37] cherche à ignorer l'existence d'un problème au lieu de transmettre l'inquiétude ou la désapprobation qui serait appropriée dans de telles situations. Nous retrouverons le retrait et la fuite également dans la symbolique suicidaire. Les conflits demeurent sans espoir de résolution.

Cette attitude face au stress s'explique par l'intolérance de la famille à l'émancipation de ses membres et aux changements qui correspondent à un processus d'individualisation. Il s'agit d'un système clos où les relations interpersonnelles se caractérisent par la présence d'un bouc émissaire. C'est un modèle de relation sadomasochiste avec double contrainte et passage à l'acte.

Autres facteurs reliés à la vie adolescente : École, activités sexuelles et relations amoureuses

L'éclatement de la famille nucléaire et sa psychopathologie ont des conséquences importantes sur le plan affectif. Au niveau intrapsychique, les troubles liés à la relation avec les parents, influencent toutes les autres sphères de fonctionnement, entravent le développement normal de l'adolescent et prennent le pas sur toute autre considération socio-affective. c'est dans cette perspective qu'il faut mesurer l'importance de certains aspects de la vie adolescente telles l'école, la sexualité et les relations avec les pairs.

La performance scolaire joue un rôle déterminant pour un sous-groupe de jeunes suicidaires venant de familles ambitieuses pour lesquelles la réussite sociale est primordiale. Le taux de suicide est élevé dans les écoles et universités de prestige, et le risque létal augmente avec la performance scolaire [6, 3].

Par contre, chez la majorité des jeunes qui font des tentatives de suicide, l'école ne constitue pas le cœur du problème ; la plupart réussissent à peine leur année. Les problèmes émotifs et relationnels interfèrent dans leur motivation et leur performance. Ceux qui échouent et quittent l'école prématurément ne semblent pas s'inquiéter outre mesure car l'immédiat de leurs problèmes affectifs mobilise et requiert toutes leurs énergies. Les relations sexuelles ne semblent pas plus importantes. Il ressort que 90 % des adolescents suicidés n'ont pas connu, ou peu, de relations sexuelles comparativement à 40 % des adolescents qui font des tentatives de suicide [3, 4]. Chez ces derniers, le passage à l'acte d'ordre sexuel est fréquent, ainsi que la possibilité d'abus sexuel ou même d'inceste durant l'enfance [40].

Il nous semble important de ne pas confondre ici activités sexuelles et relations amoureuses. Il est remarquable que 80 % des tentatives de suicide chez les jeunes Québécois sont précipitées par une « peine d'amour », un conflit ou une rupture avec son (ou sa) partenaire [6]. Les relations sentimentales sont ordinairement récentes et superficielles. Néanmoins, la réaction à la rupture est disproportionnée et ne peut s'expliquer que par la totalité du vécu de cet adolescent et l'organisation particulière de sa personnalité. Les relations amoureuses de l'adolescent suicidaire sont instables, intenses, fortement ambivalentes et conflictuelles. Il est plus dépendant de l'autre mais manifeste, simultanément, sa colère envers ceux dont il dépend. En voici un exemple :

Quand Hélène l'a quitté, ÉRIC, *16 ans*, ne voulait plus continuer à vivre. Il ne peut concevoir sa vie sans elle. Il sombre alors rapidement dans le désespoir devant son incapacité de faire revenir Hélène. Il profère plusieurs menaces de suicide qui inquiètent ses parents. Il a connu Hélène voilà à peine quatre mois et se sent follement amoureux d'elle. Par ailleurs, cette rupture coïncide avec une situation familiale difficile. Ses parents sont divorcés depuis plusieurs années mais continuent à se disputer autour de questions financières. Son père, qui a la garde du frère jumeau, s'est remarié. Ce second mariage est caractérisé par de fréquentes disputes et des menaces de séparation. D'autre part, la mère vit une relation stable avec un concubin ; elle décide d'aller vivre avec lui et de se remarier à son tour. Éric déménage alors chez son père envers qui il ressent beaucoup d'hostilité.

Les adolescents reconstituent dans leurs liaisons amoureuses les drames familiaux. La relation hétérosexuelle est une fuite en avant, une façon d'affirmer une émancipation illusoire. Inconsciemment, ces adolescents feront échec à cette relation afin de préserver les liens encore fragiles et conflictuels avec l'objet premier.

La psychopathologie individuelle

Il faut tout d'abord préciser que les pensées suicidaires, les menaces et les tentatives de suicide ne font pas partie du développement normal durant l'adolescence. Cette précision est d'autant plus nécessaire que certains auteurs, devant le syndrome grandissant du suicide adolescent, croient voir une concordance entre la psychologie adolescente et la psychologie du suicide [41]. Il s'agit à notre avis de distinguer les conflits de l'adolescence, caractérisés par des remises en question d'ordre existentiel, de la détresse mentale qui résulte de carences affectives (et autres situations pathogènes) et se manifeste par une atteinte à la vie ou à l'intégrité corporelle.

Les adolescents qui font des tentatives de suicide présentent tous un certain degré de psychopathologie se manifestant par plusieurs symptômes psychiques et physiques associés à des troubles de la personnalité [8, 33, 42, 43, 44]. Ces adolescents ont une émotivité excessive, et les sentiments de tristesse, de colère, de rage ou d'irritabilité sont débordants. Ils démontrent un niveau élevé d'impulsivité et une tendance au passage à l'acte. L'érosion de structures externes et internes les rend hostiles à la discipline. Leur réaction au stress se caractérise par la fuite. L'usage de drogues, bien que fréquent, est loin d'être généralisé.

Les adolescents suicidaires ont une vulnérabilité extrême à la séparation. Les filles, en particulier, sont vulnérables à l'auto-accusation et l'autopunition. Il y a presque toujours dépression, sentiment d'impuissance et de désespoir. Il ne faut pas pourtant confondre la présence de ces *symptômes* dépressifs avec la présence de maladies psychiatriques [45]. En général, ces adolescents ne souffrent d'aucune maladie mentale. Les adolescents qui font des tentatives de suicide reçoivent surtout les diagnostics suivants : troubles de la personnalité, réaction d'adaptation, dépression névrotique. Parfois aucun diagnostic n'est posé. La symptomatologie est reliée à la faillite du processus développemental et aux facteurs situationnels plutôt qu'à une maladie psychiatrique.

L'adolescent à haut risque de suicide peut se présenter sous les traits du « solitaire ». Isolé, replié sur lui-même, il fréquente très peu d'amis et n'a aucun confident réel. Il ne se confie à personne et se sent automatiquement exclu et rejeté par les groupes de pairs [46].

La présence de maladies psychiatriques comme telles est plus probable chez les adolescents qui commettent le suicide. Nous retrouvons un désordre affectif majeur ou la schizophrénie dans au moins 30 % des cas de suicide [47]. La gravité de la maladie dans ces cas est le facteur déterminant, bien plus que le genre de maladie ou sa durée.

CONCLUSION

Le syndrome de l'adolescent suicidaire est un problème récent apparu au cours des vingt dernières années. Il nous faudra beaucoup de temps encore pour saisir les différents aspects du problème et faire face à ses répercussions tant sur le plan individuel que social. La suicidologie adolescente est indissociable de l'expérience adolescente dans la société contemporaine et nécessite l'étude des particularités propres au comportement suicidaire adolescent.

Nous avons voulu rendre compte de la majorité des jeunes qui font des tentatives de suicide. A cette fin, il est nécessaire, malgré certaines réserves [29], de distinguer suicide et tentative de suicide sur le plan phénoménologique. Les déterminismes des tentatives de suicide sont nombreux et complexes. La multiplicité des facteurs conscients et inconscients se retrouvent au cœur même de la dynamique individuelle [48].

L'étude de la motivation et de l'intention nous révèle l'importance de la dimension individuelle de l'acte suicidaire et du message qu'il transmet. Par ailleurs, l'éclatement de la famille nucléaire est fortement lié au syndrome qui nous préoccupe. Il est évident que beaucoup d'adolescents suicidaires, et parmi les plus sévères, ne correspondent pas au tableau psychosocial que nous avons dressé. Certains proviennent de milieux stables et souffrent plutôt de psychoses, ou subissent une rigueur parentale excessive.

A cause du nombre grandissant des jeunes décrits ici et de l'homogénéité relative de leur situation, le suicide adolescent devient un phénomène social s'ajoutant à la composante individuelle. Pour plusieurs raisons, dont leur comportement confus, l'absence de maladies psychiatriques et le faible risque létal qu'ils représentent, le sérieux de la tentative de suicide et la gravité de leur détresse psychique ont souvent été négligés.

RÉFÉRENCES BIBLIOGRAPHIQUES

[1] Comité de la Santé mentale du Québec sur le suicide. Président Gilles Lortie, M.D. ministère des Affaires sociales. Gouvernement du Québec. 1982.

[2] DANTO Bruce L., « An overview of suicide », (1979), *The American Journal of Forensic Medicine and Pathology*. 1 (1), mars 1980, p. 23-27.

[3] TEICHER Joseph, « Suicide and suicide attempts », *Basic Handbook of Child Psychiatry*, vol. I, 1979, Ed. Joseph D. Noshiptz, p. 685-697.

[4] LORTIE Gilles, « Le suicide chez l'enfant et l'adolescent », *L'Actualité médicale*, octobre 1983, p. 40-41.

[5] KOSKY Robert, « Childhood suicidal behaviour », *J. Child. Psychol., Psychiat.*, 24 (3), 1983, p. 457-468.

[6] GARFINKEL Barry D., GOLOMBEK Harvey, *Suicidal Behavior in Adolescence. The Adolescent Mood Disturbance*, New York, International University Press Inc., 1983, p. 189-217.

[7] JACOBZINER H., « Attempted suicides in adolescents by poisoning », *Am. J. Psychother.*, 19, 1965, p. 247-252.

[8] TOOLAND James M., « Suicide in children and adolescent », *Am. J. of Psychother.*, juillet 1975, p. 339-345.

[9] FARBEROW N.L., *Suicide*, Morristown (N.J.), General Learning Press, 1974.

[10] STENGEL, E., *Suicide and attempted suicide*, New York, Penguin Books, 1964.

[11] ENNIS Jon., « Family practice. Self-harm : 1. Suicide », *Canadian Med. Assoc. J.*, 129 (1), juillet 1983, p. 21-27.

[12] EISENBERG Leon., « The epidemiology of suicide in adolescents », *Pediatric Annals,* 13 (1), janvier 1984, p. 47-53.

[13] GARDNER David, COWDRY Rex W., « Suicidal an parasuicidal behaviour in borderline personality disorder », *Psychiatric Clinics of North America*, 8 (2), juin 1985, p. 389-403.

[14] SAMY M., « Evaluation and treatment of suicidal risk », *in* GELLIS B.M., KAGAN W.B. *Current pediatric therapy 12,* Saunders Company, Sec. 2, p. 31-32.

[15] TYRRELL Rosalie A., « Deliberate self-poisoning in children and adolescents », *Issues Compr. Pediatr. Nurs.* 4 (3), p. 46-53.

[16] HIRSCH S.R., WALSH C., DRAPER R., « Parasuicide. A review of treatment interventions », presented at the British Association for Psychopharmacology Symposium on « Psychopharmacology of Suicide », Londres, 23 avril 1982, p. 299-311.

[17] ADAMS D.S., « Attemped suicide », *Psychiatric clinics of North America* », 8 (2), juin 1985, p. 183-201.

[18] ENNIS Jon., « Family practice. Self-harm », *Can. Med. Assoc. J.,* 129 (15), juillet 1983, p. 121-125.

[19] MARKS P.A., HALLER D.L., « Now I lay me down for keeps : a study of adolescent suicide attempts », *Jour. of Clinical Psychology*, 33, 1977, p. 300-400.

[20] PECK M.L., SCHURT A., « Suicidal behavior among college students », *HSMHA Health Reports,* 86, 1971, p. 149-156.

[21] PFEFFER Cynthia, « Self-destructive behavior in children and adolescents », *Psychiatric Clinics of North America,* 8 (2), juin 1985, p. 215-225.

[22] WILLIAMS Christopher, DAVIDSON John, MONTGOMERY Iain, « Impulsive suicidal behavior », *J. Clin. Psychol.*, 36 (1), 1980, p. 90-94.

[23] MILLER Derek, « Treatment of the seriously disturbed adolescent » in *Sherman* C. Geinstein *et al. Adolescent psychiatry*, vol. IX., Chicago, University of Chicago Press., 1981, p. 469-481.

[24] PRICE Margaret E., CARNEY MWP, « Dealing with the suicidally inclined », *British Medical Journal*, 285, september 1982, p. 705-707.

[25] RENSHAW Domeena, « Suicide in children », *Am. Fam. Physician*, 24 (6), 1981, p. 123-127.

[26] ROSENTHAL Maurice J., « Sexual differences in the suicidal behavior of young people » in *Adolescent Psychiatry, Developmental and Clinical studies*, vol. IX, Chicago, The University of Chicago Press, 1980, p. 422-442.

[27] DELK J.L., « High risk sports as indirect self-destructive behavior », in FAREBROW N.L., ed. *The many faces of suicide*, New York, McGraw Hill, 1980.

[28] MCINTIRE M.S., ANGLE C.R., SCHLICHT, M.L., « Suicide and self-poisoning in pediatrics », *Adv. Pediatr.*, 24, 1977, p. 291-309.

[29] CHABROL Henri, *Les comportements suicidaires de l'adolescent*, Paris, Presses Universitaires de France, 1984, p. 5-91.

[30] MAURER A, « Maturation of concepts of death », *Br. J. Med. Psychol.*, 39, 1966, p. 35.

[31] MILLER Derek, « Adolescent suicide : etiology and treatment », in *Adolescent Psychiatry, Developmental and Clinical Studies*, vol. IX, Chicago, The University of Chicago Press, 1981, p. 327-342.

[32] TRAUMAN E.C., « The suicidal fit », *Archives of General Psychiatry*, 5, 1961, p. 76-83.

[33] TISHLER Carl, MCKENRY Patrick, « Intrapsychic symptom dimensions of adolescent suicide attempters », *The Journal of Family Practice*, 16 (4), 1983, p. 731-734.

[34] PETZEL Sue V., RIDDLE Mary, « Adolescent suicide : psychosocial and cognitive aspects » in *Adolescent psychiatry, developmental and clinical studies*, vol. IX, Chicago, The University of Chicago Press, 1981, p. 343-398.

[35] PAYKEL E.S., PRUSOFF B.A., MYERS J.K., *Arch. Gen. Psychiat.*, 32, 1975, p. 327.

[36] RICHMAN Joseph, « Family déterminants of suicide Potential » *in* (D.B. Anderson, L.J. McLean, Eds), New York, Behavior Publications, 1971, p. 33-54.

[37] RICHMAN Joseph, « The Family therapy of attempted suicide », *Family Process.*, 18, juin 1979, p. 131-142.

[38] ZILBROG G. « Considerations of suicide with particular reference to the young », *Am. Journ. of Orthopsychiatry*, 7, 1937, p. 15-31.

[39] SABBATH J.C., « The suicidal adolescent. The expendable child. » *Journal of the Americal Academy of Child Psychiatry*, 8, 1969, p. 272-289.

[40] ANDERSON Laleen S., « Notes on the linkage between the sexually abused child and the suicidal adolescent », *Jour. of Adolescence*, 4, 1981, p. 157-162.

[41] TABACHNICK Norman, « The interlocking psychologies of suicide and adolescence », in *Adolescent psychiatry, developmental and clinical studies*, IX, Chicago, The University of Chicago Press, 1981, p. 399-410.

[42] TAYLOR E.A., STANSFELD A., « Children who poison themselves I.S. clinical comparison with psychiatric controls », *British Journal of Psychiatry*, 145, 1984, p. 127-135.

[43] CONNELL P.H., *Suicidal attempts in childhood and adolescence, physician*, Londres, Belthlem Royal Hospital and the Maudsley Hospital, p. 403-427.

[44] OLDHAM David, LOONEY John, BLOTCKY Mark, « Clinical assessment of symptoms in adolescents », *Amer. J. Orthopsychiat.*, 50 (4), octobre 1980, p. 697-703.

[45] CARLSON Gabrielle A., « The phenomenology of adolescent depression of symptoms *in Adolescent psychiatry, developmental and clinical studies*, vol. IX, Chicago, The University of Chicago Press, 1981, p. 461-466.

[46] PECK Michael L., « The loner : an exploration of a suicidal subtype in adolescence », *in Adolescent Psychiatry, Developmental and Clinical Studies*, vol. IX, Chicago, The University of Chicago Press, 1981, p. 461-466.

[47] ROY Alec., « Suicide and psychiatric patients », *Psychiatric Clinics of North America*, 8 (2), juin 1985, p. 227-241.

[48] KERNBERG P.F., « The analysis of a 15 1/2 Year Old girl with suicidal tendances », *in* HARLEY, M., Ed., *The analyst and the adolescent at work*, New York, Quadrangle, Times Book Company, 1974.

3. SUICIDE ET ADOLESCENCE UNE PERSPECTIVE SOCIALE ET ANALYTIQUE

Mounir H. SAMY

INTRODUCTION

Le syndrome du comportement suicidaire de l'adolescent n'est pas une maladie psychiatrique que l'on peut réduire à une pathologie individuelle. La tentative de suicide n'est ni un symptôme isolé ni une entité clinique proprement dite. Pour en saisir la complexité, nous croyons qu'il faut identifier et mettre en relation les aspects individuels et sociaux. En effet, deux questions se posent à nous . Quels sont les conflits conscients et inconscients sous-jacents à la motivation suicidaire ? Pourquoi « l'option » suicide ? L'importance sociale du suicide adolescent ne découle pas seulement de son ampleur et de ses répercussions évidentes. Des facteurs sociaux et familiaux jouent un rôle premier dans l'émergence du problème, dans la licence de l'acte suicidaire et, pour ainsi dire, dans la « disponibilité sociale » du symptôme. L'adolescence se trouve au carrefour d'événements biologiques, psychologiques et sociaux. L'explication du suicide adolescent ne peut être réduite à une cause simple et unique. Le comportement suicidaire chez les adolescents s'inscrit dans une histoire à la fois personnelle et sociale.

Sur le plan individuel, le comportement suicidaire est inséparable des conflits propres à l'adolescence même. Les tentatives de suicide expriment l'échec du processus développemental tel que le démontrent plusieurs auteurs [1, 2, 3]. Elles font partie d'une gamme de pathologies associées à cet âge telles que la dépression, l'usage de drogues et l'anorexie mentale. Mais il ne suffit pas d'identifier la psychodynamique menant au suicide, il reste encore à en expliquer le passage à l'acte. Pourquoi « l'option suicide » existe-t-elle dans note société ? Évoquer une convergence fortuite entre la psychologie de l'adolescence et celle du suicide [4] nous laisse insatisfaits et n'explique pas l'épidémie d'actes suicidaires dont nous sommes témoins, ni son importance actuelle.

Nous avons tenté de mettre en évidence les similitudes, les convergences et le synergisme possible entre les facteurs individuels et sociaux du suicide adolescent.

L'option du suicide ne correspond pas toujours à une intention établie de se donner la mort et n'implique pas la « réussite » de l'acte. Elle nous ramène plutôt à la nature autodestructrice du geste suicidaire, qu'il se conclût ou non par la mort. C'est pour cette raison qu'il ne semble pas opportun de distinguer, dans la discussion qui va suivre, contrairement aux considérations cliniques, les tentatives de suicide et le suicide accompli.

Le modèle sociologique d'Émile Durkheim se révèle encore fort utile dans la compréhension du rôle des facteurs sociaux dans le problème du suicide.

Quant au modèle analytique, nous avons retenu la théorie du développement élaborée par Mélanie Klein afin d'éclairer certains aspects de l'adolescence directement liés à la question qui nous préoccupe.

LA DIMENSION SOCIALE

Les théories sociales du suicide ont précédé de dix ou vingt ans les théories psychologiques. Elles furent perçues avec scepticisme, à contre-courant de la pensée analytique, finalement boudées ou ignorées. Traditionnellement, le concept de facteurs étiologiques sociaux expliquant des problèmes d'ordre psychologique embarrassèrent le psychiatre pour diverses raisons. Le caractère même de sa profession est fondamentalement individualiste. Par ailleurs, la découverte de l'inconscient et la théorie instinctuelle de Freud, suggèrent que les besoins de l'individu sont en conflit avec les exigences de la société dans laquelle il vit : le psychiatre devient, en quelque sorte, le défenseur de l'individu. En outre, l'attitude de parfaite neutralité qu'il doit adopter à l'égard de son patient, en s'abstenant de porter un jugement, est maintenue face au milieu social de ce dernier. Enfin, le psychiatre a recours à ces mêmes normes sociales pour évaluer la pathologie. Or la critique des critères employés dans son évaluation, menace la crédibilité même de sa profession. Ces positions psychiatriques conventionnelles sont maintenant sérieusement mises en cause. Nous sommes témoins d'une vive prise de conscience de la part du public et de professionnels, du rôle important que joue le milieu social, tant sur la santé que sur la maladie.

Émile Durkheim a tout d'abord publié sa recherche sur le suicide en 1897 [5]. Les conclusions importantes de cette étude seront brièvement revues. Son œuvre confirme l'hypothèse fondamentale que la société est une entité beaucoup plus grande que la somme totale de ses parties, c'est-à-dire une unité systémique maintenue par l'interaction de toutes ses composantes. Il en découle que les notions de représentations collectives et de conscience collective sont importantes pour bien comprendre le comportement même humain.

E. Durkheim conceptualise la dépendance de l'individu à la société par deux fonctions fondamentales : l'intégration et la réglementation (fonctions qui, jusqu'à un certain point, caractérisent toutes les structures sociales). Une société qui maintient ces fonctions de manière insuffisante ou excessive, créera une ambiance génératrice de différentes sortes de suicides selon la nature de ses défaillances : le suicide égoïste, altruiste, anomique et fataliste. Nous ne mentionnerons, ici, que les suicides égoïste et anomique puisqu'ils nous concernent davantage, bien qu'en pratique les suicides altruite et fataliste se retrouvent également.

Le suicide égoïste est le résultat d'une insertion insuffisante de l'individu au sein de son groupe social. L'avancement de la science et l'industrialisation de la société fragmentent les liens unissant cet individu au groupe tout en lui « expliquant » l'univers et en favorisant son autonomie. D'un autre côté, la religion joue un rôle intégratif important, et protège contre le suicide. Dans la religion, l'idée du salut, de la confession ou du pardon, aide à la réinsertion de l'individu dans la communauté chaque fois qu'il s'en trouve exclu. La famille est un autre exemple de structure sociale intégrative. L'individualisation de la religion et la dissolution des liens familiaux ont rendu ces perspectives d'intégration moins accessibles à nos adolescents.

E. Durkheim a néanmoins découvert que ce sont les désordres de réglementation qui sont les plus fortes causes de suicide dans les sociétés modernes. Il a inventé le mot « anomie » pour qualifier le manque de réglementation de l'individu par la société. Certains font l'erreur de croire que le mot anomie signifie « sans nom », alors qu'il veut dire « sans norme ». L'erreur est sans importance réelle puisqu'une société sans normes (organisation) sera composée d'individus avec une perception inconstante de leur identité.

E. Durkheim a noté que le taux de suicides augmente dans une société qui n'a pas su instaurer des règlements ou lorsque ces derniers ont subi des changements soudains. Il conclut que, pour son bonheur et pour son existence même, l'individu doit avoir des besoins à la mesure de ses moyens, lesquels sont contrôlés par la société à travers ses normes.

Un code de réglementation tant interne qu'externe est établi par la famille, la structure socio-économique et plusieurs autres agents sociaux. Cette norme sert à fixer une limite (de la plus élevée à la plus basse) aux désirs que peut avoir un individu, définir son « échelle de vie », et éviter d'élargir ses horizons au-delà de ses capacités.

Jusqu'à récemment, ces données étaient perçues comme l'antithèse des théories psychologiques. Pour être heureux, l'homme devait se *libérer* de toutes contraintes dans le but d'atteindre et de manifester sa réalisation de soi au sein même de sa propre identité.

Il y a presque un siècle, E. Durkheim prédisait que notre société souffrirait d'un état d'anomie chronique.

La recherche des besoins individuels qui l'emporte sur les normes traditionnelles mène à la désintégration des structures sociales. Les valeurs qu'elles prônent ont perdu leur qualité « inaltérable » et deviennent éphémères pour finalement perdre leurs fonctions intégratives et régulatrices. Du même coup, elles ne peuvent plus participer à la formation de l'identité si importante à l'adolescence. L'individu perd ainsi une grande partie de son sens de continuité interne et sociale, ainsi que les notions d'appartenance au passé et de confiance en l'avenir. C'est ce que Christopher Lasch, en parlant de la société nord-américaine, a qualifié de « discontinuité historique » [6]. Et Vivian Rakoff ajoute : « On nous a donné une nouvelle définition sociale et personnelle, et on a semblé sortir de l'histoire, comme très peu de générations avant nous l'ont fait » [7]. Les adolescents d'aujourd'hui sont les symptômes d'une société qui, elle-même, est en pleine adolescence. La société québécoise qui revendique le taux de suicide adolescent le plus élevé au monde [8] a été particulièrement affectée par le bouleversement de ses valeurs, et cela en l'espace d'une génération.

LA DIMENSION INTRAPSYCHIQUE

Nous pensons que la théorie kleinienne est particulièrement utile à la compréhension du développement adolescent. Et puisque la période de l'adolescence est non seulement unique par l'ampleur des changements qui s'y opèrent, mais aussi par leur célérité, nous sommes témoins d'un puissant processus de développement. C'est dans la perspective kleinienne que nous aborderons ici les conflits de l'adolescent suicidaire. Un résumé de la pensée kleinienne est hors du champ de ce travail, mais nous voulons néanmoins mentionner brièvement l'essentiel de l'aspect développemental de la théorie.

Mélanie Klein a décrit deux types d'organisation de la personnalité dans le cadre de la relation objectale : la position schizo-paranoïde (S-P) et la position dépressive (D) [9, 10]. Le passage de la position S-P à D correspond à une croissance psychique. Elle a préféré utiliser le mot « position » afin de souligner la réversibilité du processus.

L'angoisse première, celle de la position S-P, est une angoisse d'annihilation, provoquée par l'instinct de mort et ressentie comme une angoisse de persécution. Le nourrisson devra cliver l'objet (et par conséquent le Moi) en bon et mauvais objets, afin de préserver le premier et permettre ainsi l'établissement d'un bon objet externe et interne. Ces mécanismes infantiles sont à la base des défenses de clivage et d'idéalisation que nous retrouverons plus tard.

Dans la position S-P, l'identification est surtout projective. Elle dépend de la possession et du contrôle de l'objet, alors que la perception de la réalité dans laquelle se situe l'objet est biaisée par le clivage et par le niveau concret (pré-symbolique) de l'état mental de la position S-P. L'établissement du bon objet est nécessaire à l'atténuation de l'angoisse de persécution et prépare à la position D. Cette dernière est une organisation qui repose sur une identification principalement introjective et non projective. Elle dépend du succès de l'introjection du bon objet et de son établissement comme objet interne. Pour cela, l'ambivalence envers l'objet doit être mieux tolérée, permettre l'atténuation du clivage et l'apparition d'une relation avec l'objet total. L'angoisse dépressive s'explique par la peur de la perte de l'objet unifié. Cette peur, que Mélanie Klein nomme culpabilité, se justifie par l'ambivalence toujours présente envers l'objet. Cette ambivalence n'est d'ailleurs tolérée et maintenue que par l'établissement du bon objet. L'angoisse dépressive fait alors appel à la réparation, toujours plus complète de l'objet ; un besoin d'établir la suprématie de l'amour sur la haine [11].

Dans la position D, le Moi pénètre dans une réalité où le clivage et la projection sont atténués. Le Moi évolue dans une réalité, complexe et plus objective, qui favorise l'unification de l'objet (et du Moi) perçu alors dans la totalité de son expérience objectale.

Contrairement à l'état mental relativement concret de la position S-P, celui de la position D requiert la formation symbolique [12]. Ceci permet le deuil de la restitution concrète d'un objet idéalisé au profit de la réparation de l'objet interne qui est toujours possible à un niveau supérieur de symbolisation.

DÉVELOPPEMENT ET SUICIDE ADOLESCENT : UN POINT DE VUE KLEINIEN

Les événements intrapsychiques relatifs aux positions SP-D ne sont pas limités aux nourrissons mais se retrouvent, à des niveaux différents de représentation mentale, dans toutes les phases du développement. La représentation première dans le fantasme inconscient du nourrisson est sensori-motrice [13] et précède l'usage du langage et de la représentation verbale. A l'adolescence, ces premiers fantasmes, d'origine et d'expression corporelles, se manifestent lors de problèmes psychosomatiques et de passage à l'acte.

Les positions SP-D sont des organisations psychiques intégrantes à toutes les étapes de la vie, elles négocient et régissent les relations d'objet. L'interaction des positions SP-D est une unité organisationnelle sous-jacente à tout développement psychique et d'une certaine façon à tout travail de deuil, lequel est au centre de toute croissance.

Le développement à l'adolescence correspond, selon nous, à un passage de la position SP à la position D de façon bien particulière. Certains aspects de ce développement, ou plutôt de son échec, sont directement reliés au problème du suicide. Nous pensons aussi que certaines circonstances personnelles et familiales, ainsi que la conjoncture sociale rendent particulièrement difficile le succès de ce développement.

Nous aborderons les aspects suivants du développement adolescent : l'évolution du niveau de symbolisation, l'atténuation du clivage et la tolérance de l'ambivalence, le rôle de l'identification projective et enfin l'altération de la perception temporelle et son rapport avec le travail du deuil. Ces aspects se chevauchent et s'entrecroisent. Néanmoins, nous tenterons, à travers chacun d'eux, de préciser le rôle de la défaillance développementale dans le suicide adolescent. La théorie kleinienne et les développements post-kleiniens, en particulier ceux de Bion, Scott, Rey et Segal, ont servi de noyau à l'élaboration de notre réflexion.

L'évolution du niveau de la symbolisation

L'abandon des liens avec l'objet premier, essentiel à l'individualisation, nécessite la formation du symbole et une capacité adéquate de représentation verbale. En effet, il ne s'agit pas réellement d'abandon mais de *transformation* dans la relation d'objet. L'abandon a lieu sur un certain plan de réalité, alors que ces mêmes liens, loin de disparaître, sont internalisés à un niveau psychique plus profond.

Les carences affectives et les séparations multiples que vivent nos adolescents entravent sérieusement le processus normal d'individualisation. L'adolescent suicidaire est donc immobilisé dans une relation conflictuelle avec l'objet premier. L'intensité de sa colère gêne considérablement la formation du symbole [14].

La tentative de suicide est un passage à l'acte qui exprime l'échec de la symbolisation et de la représentation verbale. Le désir de contrôle et de restitution « concrète », ou d'union (dans la mort) avec l'objet correspondent à des fantasmes primitifs [15].

D'autre part, ces adolescents éprouvent une grande difficulté à identifier, à nommer et à décrire ce qu'ils ressentent. La mort se confond avec le désir de ne plus sentir ou de partir. A la limite, la mort perd toute notion d'absolu, d'irréversibilité ou d'abstraction.

La psychanalyse des adolescents suicidaires révèle que leur comportement est une attaque « concrète » du corps sexué quand les liens avec l'objet premier sont encore prédominants. Mourir, c'est tuer le corps et pas nécessairement l'esprit [16]. Pour ces adolescents, la sexualité génitale est émancipatoire ou incestueuse et, dans ces deux cas, inacceptable. De la même manière, l'automutilation représente une attaque dirigée contre les organes génitaux [17].

La défaillance développementale de l'adolescent suicidaire se manifeste par les difficultés de l'accès à la formation du symbole ; la colère et le maintien du clivage qui résultent des traumas infantiles sont au cœur de cet échec. Les conflits liés à l'établissement de l'identité sexuelle s'expriment alors de façon concrète dans le passage à l'acte.

L'atténuation du clivage et la tolérance de l'ambivalence

Nous sommes familiers avec l'intolérance des jeunes, surtout en début d'adolescence.

Le clivage est présent tant que le Moi n'est pas suffisamment intégré pour permettre et contenir son ambivalence envers l'objet. L'établissement de l'ambivalence correspond à une relation plus complexe avec l'objet qui devient alors un objet complet : en même temps bon et mauvais. Ce développement n'est possible que si le bon objet partiel l'emporte sur le mauvais. En parallèle, le Moi gratifié (amour) l'emporte sur le Moi persécuté (haine). L'ambivalence permet à la fois l'unification de l'objet (et celle du Moi) et la différenciation entre l'objet et le Moi. Les besoins de dépendance et d'autonomie reliés à l'objet peuvent alors être gratifiés sans crainte. L'atténuation du clivage et la capacité de tolérer l'ambivalence sont des prérequis à l'élaboration d'une relation affective significative, laquelle se révèle fragile, sinon absente chez les adolescents suicidaires. En l'absence de ces prérequis, l'expérience adolescente souffre d'une dichotomie : il s'agit d'un système du tout ou rien. La situation relationnelle devient insoutenable car le moindre rejet équivaut à une perte totale.

Si la rébellion marque le début de l'adolescence, on pourrait dire qu'elle prend fin quand se manifeste la capacité de percevoir les parents objectivement, dans leur totalité. « Des gens imparfaits, lesquels, après tout, ont fait leur possible. » A ce moment, leur amour manquant ou imparfait cesse d'être une preuve irréfutable de rejet et de dévalorisation personnelle. L'adolescent répète à un niveau supérieur de symbolisation la démarche du nourrisson qui ne perçoit plus sa mère en termes de bons et de mauvais seins mais à travers la totalité de ses soins. L'adolescent suicidaire doute essentiellement de la suprématie de l'amour sur la haine. La haine et la colère excessives entravent la formation du symbole et entretiennent le clivage qui sépare et « protège » le bon objet, le rendant par le fait même irréel, inaccessible. Cet adolescent est menacé à la fois par ses besoins d'autonomie et de dépendance. Dans ses relations intenses et conflictuelles, il est particulièrement vulnérable au rejet. La séparation ou la perte objectale (réelle ou symbolique) devient le principal facteur déclenchant de sa tentative de suicide.

Le rôle de l'identification projective

L'identification projective joue un rôle important dans le développement adolescent. L'adolescent forge son identité en grande partie par le biais de ses relations avec ses pairs et son sentiment d'appartenance à un groupe. Le besoin d'identification à un groupe dicte une foule de comportements tels que le style vestimentaire, la musique, le vocabulaire et le mode de pensée. L'adoption de ces signes extérieurs comble son besoin d'appartenance.

L'identification projective cherche à établir l'identité du Moi à travers la possession et le contrôle de l'objet. L'échec du processus normal d'internalisation du bon objet perpétue une modalité identificatoire projective.

L'évolution des rapports de l'adolescent avec ses parents illustre bien le changement de l'identification projective et la formation d'une identification introjective. Le jeune, au début de l'adolescence, reste fermement convaincu que ses parents doivent *d'abord* changer quelque chose en eux-mêmes avant qu'il ne puisse modifier sa propre perception de lui-même. Par exemple, il veut désespérément que ses parents lui fassent confiance afin qu'il mette ladite confiance à l'épreuve. Un autre exemple, il désire la réunification de sa famille disloquée, condition du succès de ses relations amoureuses et de son individualisation. Le comportement suicidaire représente un moyen ultime d'exercer ce contrôle sur son entourage et, d'une certaine façon, la satisfaction fantasmatique de son désir.

Avec l'atténuation de l'angoisse de persécution et l'internalisation du bon objet, le besoin impérieux de possession et de contrôle de l'objet diminue, et laisse la place à l'identification introjective et la position dépressive.

Dans le contexte de l'angoisse aiguë de l'adolescent suicidaire, ce besoin de contrôle s'exprime dans sa propre vie, son avenir, le monde adulte et l'instabilité de ses relations d'objets. Or sa vie, faite d'incertitude et d'inconnu, échappe à son contrôle et ajoute à l'angoisse de persécution.

Par ailleurs, l'échec de l'internalisation du bon objet empêche la romance, essentielle au développement normal de l'adolescent. Il la remplace par une activité sexuelle précoce qu'il n'est pas en mesure d'assumer.

La défaillance développementale qui consiste en l'échec de l'internalisation du bon objet et le maintien d'un mode projectif d'identification, nous aide à mieux saisir les liens qui existent entre l'adolescent suicidaire et son entourage. La dépendance, quasi existentielle, de l'adolescent perturbé, se manifeste par un besoin de contrôle et de possession de l'objet externe. Ce besoin généralisé se retrouve dans tous les aspects de sa vie. L'incertitude, présente au cœur de l'expérience de l'adolescent suicidaire, devient insoutenable. Cette situation, source de désespoir et d'impuissance, s'exprime dans l'acte suicidaire.

L'altération de la perception temporelle et son rôle dans le travail du deuil

Le vécu de l'adolescent, en particulier celui de l'adolescent perturbé, est ancré dans la réalité immédiate. Ce surinvestissement du moment présent est le résultat de l'état mental concret et du maintien du clivage et de l'identification projective. C'est un état d'appauvrissement psychique où le souvenir et l'anticipation ont peu de place quand le processus d'internalisation fait défaut. Cette situation est familière aux troubles d'états-limites (borderline). Pour cet adolescent, la peine d'amour qu'il est en train de vivre lui apparaît tout à coup comme la chose la plus importance et la plus déterminante de son existence : si l'ami(e) ne revient pas, il se tue ! La réalité subit un rétrécissement et une polarisation qui ne laissent pas d'alternatives. L'adolescent perd ainsi la notion de recul ou de distance intérieure qui permettrait de reconnaître et de réagir simultanément à plusieurs niveaux de réalité. La perception de la réalité est troublée au moment de l'acte suicidaire.

Un rapport de causalité existe entre le télescopage des différents plans de réalité (c'est-à-dire les réalités psychologique et extérieure) et la pauvreté de la différenciation entre le Moi et l'objet quand la relation repose sur l'objet clivé, donc partiel, dans le mode de l'identification projective.

L'adolescent vit intensément le moment présent. Il évolue, souvent par crises successives, englué dans cette réalité extérieure. Comme un alpiniste à son rocher, le jeune relâchera cette emprise sur le présent quand il aura l'assurance d'une prévisibilité, voire d'une continuité intérieure qui pourront lui servir de référence et de structure.

Il est remarquable que les adolescents se souviennent très peu de leur enfance et lorsqu'ils parlent d'avenir, c'est en termes compensatoires et non de planification « sérieuse ».

Le vécu de l'adolescent perturbé est une suite de moments présents. Le self est également discontinué, morcelé. Il est alors impossible de donner un sens à la vie, un but qui rendrait la souffrance psychique tolérable. L'adolescent suicidaire se trouve incapable de donner un sens à sa détresse. La transformation du self discontinu en self continu correspond, sur le plan intrapsychique, à l'établissement d'un nouveau mode d'interaction avec l'objet où l'identification est introjective ; ce processus permet l'évolution vers la position dépressive et la réparation.

La temporalité de l'adolescent est au cœur de cette transformation. Plusieurs auteurs, notamment E.H. Erikson [18], ont fait la description de la perspective temporelle chez les adolescents. Cette confusion temporelle affecte aussi bien sa perception du temps objectif (ou mathématique) que celle du temps subjectif. C'est une perception confuse et désorientée. Un certain « trouble » de la perception du temps est d'ailleurs normal à l'adolescence. Plusieurs aspects de la vie et de la culture adolescentes tels la musique rythmée, la danse, l'usage de drogues, la fascination idéologique et existentielle, le rejet et la recherche, simultanément, d'une dimension surnaturelle ou spirituelle de la vie sont autant de moyens qu'utilise l'adolescent pour exercer un contrôle sur les changements qui s'opèrent en lui et sur leur rythme. La puberté vient en tête de liste des changements qui le menacent.

L'échec développemental, lié au syndrome de l'adolescent suicidaire, se traduit par une diffusion de l'identité. La colère excessive, issue d'une accentuation de cet état de fragmentation, empêche la formation du symbole et entrave, par le fait même, l'intégration temporelle. L'adolescent suicidaire qui ne perçoit pas le temps en termes de durée et continuité ne peut situer l'expérience du présent dans la perspective d'une histoire personnelle et familiale, ni dans la perspective d'un passé et d'un futur. « Une condition, écrit E.M. Erikson, où tout délai ressemble à une déception, toute attente une expérience d'impuissance, tout espoir un danger, tout plan une catastrophe et tout pourvoyeur potentiel un traître. Par conséquent, le temps doit rester immuable... » [18].

Cette situation semble s'accentuer par une société et une culture qui adulent l'immédiat et privilégient satisfaction rapide et réussite matérielle. La non-intégration temporelle favorise l'érosion des frontières entre la réalité et la fiction rendant ainsi certaines émotions intolérables [19]. Nous voyons souvent nos adolescents acculés à l'effroi et l'impuissance devant la réalité (ou la fiction ?) de « la guerre de l'espace » ou les conséquences d'une guerre (ou d'un accident) nucléaire sur la civilisation humaine. Les angoisses se superposent : l'angoisse de persécution maintenue par l'échec de l'établissement du bon objet intérieur, se déplace et se généralise pour devenir celle de l'annihilation planétaire.

L'incapacité, parfois l'impossibilité, de distinguer entre la réalité et la fiction, n'est pas seulement un phénomène de régression, mais le résultat d'une société qui ne reconnaît aucune limite à une progression désordonnée.

L'expérience de l'adolescent suicidaire est composée d'événements discontinus qui ne sont pas temporellement intégrés. Dans cet état, qui est un aspect de la position schizo-paranoïde, l'inexorabilité du temps qui passe devient une considération tragique. Tout changement qui ne peut être contré par le déni devient intolérable et aliène davantage l'adolescent.

Toute modification dans ce système est une menace repoussée par la colère et la restitution d'une réalité qui doit demeurer immuable. Dans la position schizo-paranoïde, tout changement est une persécution additionnelle. Or nous savons que l'expérience de l'adolescent suicidaire se caractérise par le nombre élevé de changements qui affectent sa vie et avec lesquels il doit composer.

Le besoin d'immuabilité est, en quelque sorte, le substitut extérieur et régressif du besoin de permanence. Or ce besoin est indispensable à la formation du Moi, de son identité et autonomie, et de l'établissement du bon objet interne. L'envers de la recherche de l'immuabilité (évoquant une omnipotence infantile) consiste au recours à des défenses d'allure maniaque. L'adolescent perturbé brûle les étapes et, de façon illusoire, accélère sa maturation. Nous voyons souvent l'adolescent se plaindre d'avoir « grandi » trop vite et sans possibilité aucune de faire marche arrière.

Le développement adolescent est associé au travail du deuil. Les processus d'individualisation et de formation de l'identité représentent la perte des liens infantiles avec l'objet premier [20]. La réussite du travail du deuil est, selon M. Klein, au cœur du processus développemental. En accédant à la position dépressive, l'individu établit une relation d'objet plus complète qui reconnaît la réalité extérieure et l'existence distincte de l'objet. L'angoisse de persécution laisse la place à l'angoisse de séparation.

L'adolescent suicidaire, particulièrement vulnérable à cet égard, ne peut accéder à la position dépressive sans défenses pathologiques. Il utilise la non-intégration temporelle à des fins de protection contre le deuil alors que sa fragilité s'exprime en partie par le biais de cette non-intégration. En dehors du temps, il n'y a ni perte objectale ni deuil. Au centre de la dynamique du suicide adolescent se trouve une défense face à la séparation et la mort.

ANOMIE SOCIALE ET ANOMIE PSYCHIQUE

L'internalisation et l'établissement du bon objet sont les principales tâches des positions S-P et D. Leurs fonctions principales sont l'atténuation et le maniement des angoisses de persécution et dépressive.

La théorie kleinienne repose en partie sur la théorie de l'instinct de mort, source d'angoisse primaire. Une des hypothèses élémentaires de la théorie de Mélanie Klein énonce que l'enfant possède une capacité innée de fragmentation (instinct de mort). L'enfant dépend de la présence et de l'attention de son entourage humain afin d'établir les structures externes et internes qui atténueront l'angoisse de persécution. L'enfant a des pulsions qui sont disproportionnées à sa capacité de les gérer. Il est menacé tant par l'absence de satisfaction de ses instincts que par la possibilité d'une satisfaction totale. L'enfant naît dans une dépendance biologique par rapport à son environnement, lequel assure son maintien (holding) à travers les soins nourriciers. Le besoin objectal du nourrisson consiste d'abord à neutraliser les craintes de fragmentation ou d'annihilation.

L'établissement et la permanence du bon objet interne ont une valeur structurale. Le Moi accordera plus d'importance à son besoin de recherche objectale qu'au principe de plaisir [21]. La souffrance mentale revêt alors un sens lorsque sa tolérance et sa maîtrise permettent de préserver le bon objet interne.

S. Ferenczi [22] souligne que « certains organismes complexes (les êtres vivants) ne peuvent survivre comme unités que grâce aux pressions (l'impact) de l'environnement dans lequel ils existent. Lorsque cet environnement subit des changements néfastes, le mécanisme tombe en pièces et se désagrège ».

Toute autonomie suppose un retrait de l'impact extérieur et s'accompagne, en conséquence, d'un risque de fragmentation. Ce danger est bien maîtrisé dans la mesure où la fonction structurale de l'impact extérieur est adéquatement internalisée et remplacée par des normes internes (« auto-nomie »). S. Ferenczi oppose l'état de dépendance totale à celui de l'autonomie complète. Ces états représentent les extrêmes, hypothétiques bien sûr, de l'adaptation alloplastique et autoplastique. L'individu sain saura jouir d'une autonomie maximale à l'intérieur des limites de sa dépendance. Limites au-delà desquelles une autonomie plus grande mènerait à la désintégration.

Nous croyons que ces concepts s'appliquent très bien à nos adolescents. En Amérique du Nord, plusieurs facteurs ont favorisé une liberté de plus en plus grande et précoce des jeunes. La liberté sans autonomie véritable provoque un état de fragmentation intolérable. Les extrêmes de l'alloplastie et de l'autoplastie évoquent à un autre niveau, et respectivement, les suicides fatalistes et anomiques décrits par E. Durkheim. L'adolescence représente la réaction psychologique à l'avènement de la puberté. Son objectif principal vise l'abandon des liens affectifs premiers, l'acquisition d'une identité au-delà du noyau familial et l'accès à un rôle au sein de la société adulte.

L'adolescence exprime d'une façon toute particulière le chevauchement d'une crise psychologique et sociale. A nul autre âge de la vie on ne retrouve un amalgame aussi étroit de facteurs sociaux et psychologiques. La suprématie des pulsions sur leurs régulateurs extérieurs et intérieurs, la poussée du désir d'autonomie, la crainte de la fragmentation et la recherche de sens, le besoin d'appartenance et la recherche d'une identité témoignent tous de cette convergence. Il est vrai que les besoins individuels et sociaux de l'adolescent ne s'accordent pas toujours. Mais trop d'emphase mise sur l'individualisation et l'affirmation de soi privent l'adolescent de son besoin de dépendance, de la maîtrise de ses craintes et pulsions, et d'un entourage adulte stable pour la résolution de ses conflits.

Les adolescents sont particulièrement vulnérables dans une société où la dépendance est une valeur culturelle négative. Leur recherche d'autonomie est souvent prématurée ou extrême. Le problème est d'autant plus complexe que les adolescents d'aujourd'hui sont mal préparés à contenir la souffrance mentale. Il en résulte une fragmentation qui se traduit par des tentatives de suicide et autres actes de violence, jusqu'à mobilisation de l'entourage et rétablissement par la famille (ou agence sociale) d'un climat de dépendance (impact).

Dans un premier temps, l'intervention auprès de l'adolescent suicidaire visera précisément à briser son isolement et susciter sa réintégration sociale. Dans un deuxième temps, et à long terme, le travail psychothérapeutique cherche à rétablir les structures internes défaillantes afin de permettre une meilleure autonomie. Les tentatives de suicide chez les adolescents ne sont pas le résultat d'un manque d'autonomie, mais d'un manque de dépendance. L'adolescent qui passe à l'acte a besoin de plus d'intégration et de contrôle que d'individualisation et de liberté. L'acte suicidaire est, encore une fois, un moyen désespéré de susciter une réponse d'un entourage familier adulte qui reste indifférent. Ce que E. Durkheim décrit sur le plan social se retrouve, en microcosme, au niveau intrapsychique. Les adolescents d'aujourd'hui se trouvent au croisement d'une anomie à la fois sociale et psychologique.

CONCLUSION

L'ampleur que prend le phénomène du suicide, particulièrement chez les adolescents, suscite de nombreuses interrogations tant au niveau du choix de cette option que des conflits créant les conditions favorables à l'émergence de la dynamique que nous avons décrite plus haut.

Cette dynamique nous engage à considérer l'échec développemental de l'adolescent, alors que la prévalence du comportement suicidaire repose davantage sur certains facteurs sociaux.

Nous avons associé les modèles sociologiques de E. Durkheim et développemental de M. Klein. L'anomie observée au sein de la société nord-américaine favorise à la fois l'échec du développement et le passage à l'acte suicidaire.

Les processus liés au développement adolescent peuvent être étudiés dans une perspective kleinienne. Certains aspects, alliant théorie et clinique, mettent en lumière des éléments de la psychopathologie adolescente et soulignent le rôle de la défaillance développementale dans le suicide adolescent : l'échec de la formation du symbole et l'allure concrète de l'état mental, le maintien du clivage et la non-tolérance de l'ambivalence, le rôle de l'identification projective dans la relation d'objet et enfin, l'altération de la perception temporelle. Ces observations expliquent en partie l'échec de l'élaboration du deuil.

L'étude conjointe des besoins sociaux et psychiques de l'adolescent met en évidence leur étroite association et interaction. L'anomie sociale et « psychique » de l'adolescent suicidaire se trouve au cœur de son isolement et de sa détresse.

Sur le modèle d'Erikson, nous dressons une liste, bien que très partielle, des acquisitions développementales de l'adolescent, en les opposant aux conséquences de l'échec de cette démarche :

— Un sentiment d'appartenance (social et relationnel), versus, anomie sociale et psychique, et sentiments d'aliénation et d'isolement.

— Une angoisse dépressive contenue et capacité de deuil, versus, angoisse de persécution et d'annihilation.

— L'établissement de liens durables avec de bons objets internes, versus, besoin de possession et de contrôle.

— Formation symbolique et représentation verbale, versus, état mental d'aspect concret et passage à l'acte.

— Identités de genre et sexuelle, versus, attaque et destruction du corps pubère.

— Continuité de l'expérience intérieure et extérieure, versus, son morcellement et sa fragmentation.

— Désir de maturation et d'individualisation, versus, besoin d'immuabilité et vulnérabilité aux changements.

— Capacité de deuil et réparation symbolique, versus, revendication d'une restitution concrète.

— Autonomie véritable, versus, émancipation précoce et pseudo-indépendance.

— La tolérance d'une dépendance saine et non menaçante, versus, régression ou délinquance.

— Une capacité d'intimité relationnelle, versus, relations sexuelles précoces et promiscuité.

— Intégration temporelle et tolérance de la souffrance physique et mentale, versus, non-intégration temporelle, désespoir et impuissance.

Nous insistons sur la mutiplicité des facteurs individuels, biologiques ou intrapsychiques, familiaux et sociaux, dont la synergie reste complexe et peu comprise [23]. Ces facteurs s'additionnent et contribuent au processus d'adaptation pathologique dans des conditions de vie elles-mêmes inadéquates. Il en résulte défaillance développementale et comportement suicidaire. Aussi, soulignons-nous l'utilité d'adopter des références à la fois sociales et analytiques pour aborder les divers aspects de « l'option suicide » et pour cerner le rôle de l'échec développemental au cœur de cette dynamique.

RÉFÉRENCES BIBLIOGRAPHIQUES

[1] LAUFER M., *Adolescent disturbance and breakdown*, New York, Penguin Books Ltd, 1975.

[2] LAUFER M., « Adolescent breakdown and the transference neurosis », *Int. Jn. Psycho-analysis*, 62, 1981.

[3] LADAME F., *Les tentatives de suicide des adolescents*, Paris, Masson, 1981.

[4] TABACHNICK Norman, « The interlocking psychologies of suicide and adolescence », in *Adolescent psychiatry, développmental and clinical studies*, vol. IX, Chicago, The University of Chicago Press, 1961, p. 399-410.

[5] DURKHEIM Émile, *Le suicide, étude de sociologie*, Paris, Presses Universitaires de France, 1930.

[6] LASCN C., *Culture of Narcissism*, W.W. Norton and Company Inc., 1979.

[7] RAKOFF V., « The illusion of detachment », *Adolescent Psychiatry*, 6, 1978, p. 119-133.

[8] « Rapport du Comité de la Santé mentale du Québec sur le suicide » in *l'Actualité médicale*, 8 septembre 1982.

[9] KLEIN M. (1940), « *Mourning and its relation to manic depressive strates* » *in love guilt and reparation*. The complete work of Melanie Klein, vol. 3, Delacorte Press, 1975.

[10] KLEIN M. (1946), « Some notes on the schizoid mechanisms », in *Envy and gratitude*, The complete work of Melanie Klein, vol. 4, Delacorte Press, 1975.

[11] SCOTT W.C.M., *Melanie Klein 1882-1960*. Présenté à la Société canadienne de psychanalyse, février 1982.

[12] REY H., « The psychodynamics of psychoanalytic and psycholinguistic structures », *The Journal of the Melanie Klein Society*, 4, 2, décembre 1986.

[13] ISAACS S., « The nature and function of phantasy », *The International Journal of Psychoanalysis*, vol. 29, 1948, p. 73-97.

[14] KLEIN M. (1930), « The importance of symbol-formation in the develop-

ment of the Ego », The writings of Melanie Klein, Londres, Hogarth Press, 1975, vol. 3, p. 219-232.

[15] ERLICH SHMUEL S., « Adolescent suicide : maternal longing and cognitive development », *Psychoanalytic Study of the Child*, vol. 33, 1978, p. 261-277.

[16] LAUFER M., « The body image, the function of masturbation, and adolescence : problems of the ownership of the body », *Psychoanal. Study Child*, 23, 1968.

[17] FRIEDMAN M. *et al.*, « Attempted suicide and self-mutilation in adolescence : some observations from a psychoanalytic research project », *Int. J. Psycho-Anal.*, 53, 1972, p. 179-183.

[18] ERIKSON E.H., « *Identity and the life style* [Psycholological Issues, Monographe 1]. New York, International Universities Press, 1959.

[19] SEGAL Hanna, « Silence is the real crime », *Int. Review of Psychoanalysis*, 14 (3), 1987.

[20] BLOS P., *On adolescence, a psychoanalytic interpretations*, New York, The Free Press, 1962.

[21] FREUD S., « Beyond the pleasure principle, 1920 » *in* The Standard Edition, vol. 18, p. 3-64, 1955.

[22] FERENCZI S., « Notes and Fragments, 1930 » in *Final Contributions to the problems and methods of psychoanalysis*, chap. 21, Londres, The Hogarth Press, 1955.

[23] SAMY Mounir H., « An example of the synergism between functional and organic symptomatology » in KRAKOVSKY A., éd. *Physical illness. Psychosomatic medicine : theoretical, clinical and transcultural aspects*, New York, *Plenium* Publishing Corp., 1983, p. 349-356.

75

4. EXAMEN CLINIQUE ET TRAITEMENT DE L'ADOLESCENT SUICIDAIRE

Mounir H. SAMY
Natalie GRIZENKO

INTRODUCTION

Dans le traitement de l'adolescent qui fait une tentative de suicide, il faut, avant tout, ne pas oublier que toute tentative ou intention suicidaire doit être prise au sérieux. L'intensité de la détresse empêche l'adolescent de penser rationnellement. Pour qu'un adolescent en arrive à un acte suicidaire, ou même à y songer comme palliatif, c'est qu'il y a détérioration du processus cognitif rationnel. Selon E.S. Shneidman [1] :

« Le trouble primaire de la pensée dans un cas de suicide se manifeste par le rétrécissement pathologique du foyer de concentration, voire la contraction, qui permet de n'entrevoir que deux possibilités : une solution douloureuse et inacceptable ou une cessation. Ce dont il est question dans le suicide, ce n'est pas la mort ou la destruction, c'est plutôt l'élimination de la conscience d'une souffrance intolérable qui, malheureusement, de par sa seule nature, se traduit inévitablement dans la suppression de la vie. »

Dans sa tentative de suicide, l'adolescent cherche également à communiquer sa détresse à son entourage, et, par ce geste symbolique, il aspire à des changements. Nombre d'individus ne reconnaissent pas avoir désiré la mort et ne pensaient pas que leur geste pouvait être irréversible. Néanmoins, même ceux qui choisissent d'attenter à leurs jours sans réellement vouloir mourir le font par désespoir et avec la conviction qu'il n'y a aucun moyen de s'en sortir. Face à un adolescent suicidaire, il est donc très important d'évaluer son désespoir et son angoisse à la lumière de sa situation psychosociale.

Nous voulons d'abord réitérer quelques concepts théoriques nous permettant de bien comprendre l'adolescent suicidaire. Bien que ce sujet ait déjà été abordé, nous avons jugé bon de préciser de nouveau certains points pertinents avant de passer à l'évaluation et au traitement de l'adolescent suicidaire.

Les modèles d'interventions que nous nous proposons de décrire dans ce chapitre sont utilisés à l'Hôpital de Montréal pour enfants[1]. Chaque adolescent qui se présente à l'urgence à la suite d'une tentative ou d'intention suicidaire, est pris en charge conjointement en pédiatrie et en psychiatrie. Dans la salle d'urgence, le résident en psychiatrie ou le psychiatre procède tout de suite à une évaluation individuelle et, si possible, à une entrevue avec la famille. C'est le début de l'intervention de crise. L'Équipe d'urgence psychiatrique est en mesure d'offrir le suivi immédiat du patient et de sa famille si l'hospitalisation n'est pas indiquée. Cette prise en charge peut inclure des visites à domicile, des contacts journaliers et une thérapie de groupe, familiale et/ou individuelle. Le suivi se poursuit jusqu'à la résolution de la crise suicidaire. Lorsque cela est indiqué, le patient et sa famille sont ensuite référés pour une thérapie à long terme. Environ la moitié des adolescents suicidaires qui nous arrivent à la salle d'urgence sont hospitalisés et pris en charge par une équipe différente.

L'hospitalisation est jugée nécessaire pour plusieurs raisons. Parmi les plus importantes, il y a le risque élevé de suicide, une situation médicale, un manque de collaboration familiale ou une indication pour faciliter le plan de traitement. Le patient est alors admis au service de pédiatrie générale, et sera suivi conjointement par une équipe pédiatrique et par l'équipe d'intervention de crise. Une nouvelle évaluation est faite du patient et de sa famille, et un plan de traitement établi le plus rapidement possible. L'hospitalisation, qui est généralement courte, suffit à diminuer considérablement le risque suicidaire. Lors du congé du patient, la prise en charge ambulatoire se fait par la même équipe afin de préserver la continuité du contact thérapeutique. Il s'agit d'un suivi régulier incluant des visites hebdomadaires individuelles, une thérapie familiale et une thérapie de groupe. On remet à

---

1. L'Hôpital de Montréal pour Enfants est un centre hospitalier pédiatrique essentiellement anglophone. Il dessert surtout la population anglaise, mais aussi française et ethnique de Montréal et du reste de la province de Québec. C'est un hôpital d'enseignement affilié au réseau de l'Université McGill.

chaque patient une carte sur laquelle sont inscrits le nom et le numéro de téléphone de son thérapeute ainsi que celui de la salle d'urgence de l'hôpital. On renseigne bien l'adolescent sur tous les services d'urgence qui lui sont disponibles en l'enjoignant à y avoir recours lorsqu'il en ressent le besoin. Selon R.M. Yarvis [2], « seul un service d'intervention de crise accessible 24 heures par jour peut éviter la fragmentation que provoque une crise ». Le but de l'intervention de crise est de reconnaître avant tout qu'il y a une crise, essayer de la solutionner et tirer profit au maximum du fait qu'il s'agit d'une période où l'individu et la cellule familiale sont sensibles au changement. Les stratégies thérapeutiques de l'intervention de crise peuvent provoquer ou accentuer un état de crise chez des familles par ailleurs insensibles. En chinois, le mot crise signifie aussi opportunité...

Le succès de l'intervention de crise repose principalement sur la capacité d'identifier les conflits dynamiques qui sont au cœur du problème. Il est intéressant de noter que la majorité des psychiatres affectés aux équipes d'urgence et d'intervention de crise sont aussi psychanalystes. Cette intervention est la première étape dans le traitement des adolescents suicidaires, mais elle n'est pas la seule. A la suite de l'intervention de crise, les adolescents démontrant la motivation et les aptitudes psychologiques nécessaires, sont référés pour une psychothérapie analytique de plus longue durée. La thérapie analytique se poursuivra avec un membre de l'équipe dans le cas où le patient ne peut être transféré ou bien pour des raisons d'ordre déontologique. Le rôle inestimable de l'intervention de crise est d'engager, d'une part, l'adolescent et sa famille dans un processus de traitement et, d'autre part, de préparer et motiver cet adolescent à reconnaître, s'il y a indication, la nécessité d'une thérapie à long terme.

QUELQUES ASPECTS THÉORIQUES DU COMPORTEMENT SUICIDAIRE DE L'ADOLESCENT

Pour bien comprendre l'adolescent suicidaire, il est essentiel de reconnaître son isolement social et psychologique. C'est cet isolement qui rend sa détresse insupportable et le mène au désespoir et à l'impuissance. Ses relations affectives sont intenses et passagères alors qu'il est particulièremnt vulnérable à la séparation [3]. Parmi les causes les plus fréquentes d'intoxication médicamenteuse, on note les ruptures amoureuses et les conflits avec un membre de la famille avec qui des difficultés relationnelles se manifestent depuis longtemps [4]. Pour venir en aide à l'adolescent suicidaire, il faut d'abord briser son isolement. L'adolescent suicidaire est dépassé par l'ensemble de la situation à laquelle il se sent incapable de faire face. Il voit dans la tentative de suicide le seul moyen de résoudre ou de changer cette situation. L'adolescent croit qu'il n'y a aucune personne disponible ou capable de comprendre ses problèmes.

Il y a deux volets au problème des adolescents suicidaires : les conflits d'ordre psychologique, conscients ou inconscients, et les conflits d'ordre social et familial. Les questions d'ordre psychologique ont un rapport direct avec le processus développemental étroitement relié à l'adolescence. Il doit accepter l'avènement d'une sexualité génitale alors que les liens avec les objets premiers sont encore non résolus et prédominants [5]. Il fait face aux vicissitudes d'une autonomie chancelante et d'une identité encore diffuse. Cette situation engendre des sentiments douloureux de honte, de culpabilité et de rage, d'angoisse et de dépression.

Les difficultés externes sont souvent reliées aux conflits familiaux. On note aussi des problèmes d'études, de travail, et des difficultés relationnelles avec les pairs. Il est entendu que les problèmes individuels, familiaux et sociaux interagissent et se superposent. Tout comme il faut établir un parallèle entre ses conditions de vie et son image de soi.

Les problèmes de l'adolescent suicidaire doivent être conceptualisés comme le résultat d'une longue série de patterns d'inadaptation. Teicher [6] décrit en trois étapes le processus qui aboutit aux tentatives de suicide chez les adolescents :

1) Une histoire de problèmes qui perdurent et qui a débuté durant l'enfance (famille désunie et pertes de parents).

2) Une seconde étape qui coïncide avec la puberté, et marquée par l'intensification des problèmes et plusieurs altérations importantes dans la vie de l'adolescent. Les conflits familiaux sont plus intenses car les parents ne sont pas en mesure de combler les besoins affectifs de l'adolescent. De son côté, l'adolescent se sent incapable de rompre ses liens affectifs avec sa famille.

3) Cette troisième étape survient lors des semaines ou des jours précédant la tentative de suicide. C'est au cours de cette période que l'adolescent connaît une accumulation d'échecs dans ses relations avec son entourage. A ce stade-ci, il s'est complètement aliéné ses parents et ses pairs. Il cherche à substituer l'affection parentale par des relations amoureuses. Lorsqu'il essuie un échec, il se trouve seul, abandonné de tous et isolé. Pourtant, inconsciemment, l'adolescent échoue dans sa recherche amoureuse afin de préserver ses liens familiaux. La considération de ces trois étapes fait partie intégrante de l'approche globale de l'évaluation et du traitement dans l'intervention de crise. A l'instar de la tentative de suicide qui, bien que déclenchée par un incident trivial, remet en question toute la vie de l'adolescent, l'intervention de crise utilise l'aspect situationnel pour avoir accès à la totalité de l'expérience de l'adolescent et de sa famille.

Il est, d'une certaine manière, souhaitable que le geste suicidaire puisse créer un état de crise pour permettre à l'adolescent et à sa famille de reconnaître leurs conflits et de repenser leurs relations. Des changements extérieurs ne sont pas toujours possibles à effectuer, mais l'adolescent peut acquérir une perspective nouvelle et gagner un certain recul émotif qui lui fera abandonner l'option suicide. L'abandon de l'option suicide dépend de la réussite des intervenants à reconnaître la détresse morale de l'adolescent suicidaire et à briser son isolement.

INTERVENTIONS THÉRAPEUTIQUES DURANT LA CRISE SUICIDAIRE

En pratique, il est difficile de séparer la phase de l'évaluation de celle du traitement. Le premier contact avec l'adolescent et sa famille ainsi que l'étendue et l'orientation de l'évaluation font déjà partie de l'intervention thérapeutique. Néanmoins, pour les fins de cet exposé, nous décrirons séparément l'évaluation et le traitement tels que pratiqués à l'Hôpital de Montréal pour enfants. Mais tout d'abord un bref aperçu de la théorie de l'intervention de crise s'impose.

Notes théoriques sur l'intervention de crise

E. Lindemann [7] et G. Caplan [8] ont élaboré la théorie de l'intervention de crise et souligné son importance. D'après D.G. Langsley [9].

« *La crise est perçue comme une réaction à un état ou une situation de stress que l'individu ne peut surmonter par ses propres mécanismes d'adaptation. Elle est déclenchée lorsque le Moi ne peut résoudre un problème aigu et indique un déséquilibre (voire une désorganisation) ; ce dernier survient quand l'individu ressent un état de grande tension* » *sur le plan émotionnel. Si une crise peut être vue comme un signal de danger, elle peut aussi être propice à la maîtrise de soi et à la maturation. Puisque l'état de crise est insupportable lorsque prolongé, l'individu peut y répondre par une décompensation et une régression »*

G. Caplan [8], pour sa part, écrit : « Chaque individu ressent à la fois l'occasion d'une croissance psychologique et un danger de détérioration psychologique. »

Langsley et Caplan [10] suggèrent une marche à suivre en six étapes pour l'intervention de crise :

1) offrir une intervention immédiate ;

2) définir s'il s'agit d'une situation temporaire ou d'un problème existant depuis longtemps ;

3) concentrer l'attention sur la maladie actuelle et sur les raisons qui ont mené à cette tentative ;

4) réduire la tension par des moyens psychosociaux et pharmacologiques afin de mobiliser les aptitudes à la résolution des problèmes ;

5) travailler à résoudre la crise d'une manière approfondie ;

6) donner des instructions précises pour l'avenir.

L'accent mis sur la situation présente est une façon de tenir compte du cri d'alarme de l'adolescent suicidaire. En agissant ainsi, on reconnaît l'urgence de sa détresse psychique. Cette écoute, qui est également un support, brise son isolement. On lui transmet le message que le geste qu'il a posé est très grave. L'emphase qui est mise sur la crise suicidaire n'est pas une dénégation des conflits sous-jacents. Nous croyons, bien au contraire, que c'est la première étape vers l'accès aux difficultés inconscientes. L'intervention de crise vise non seulement à résoudre un problème immédiat, mais à débloquer l'impasse développementale à laquelle se trouve acculé l'adolescent.

Pour R. Rabkin, l'intervention de crise a un rôle éducatif. Il s'agit d'aider le patient et sa famille à explorer les causes de leurs problèmes et à puiser dans leurs propres ressources des alternatives à leur comportement. R. Rabkin [11] écrit :

« Lors d'une intervention de crise, il ne faut pas interpréter ce qui est négatif comme il est souhaitable de le faire en thérapie individuelle. On doit voir à réparer, enseigner et démontrer au patient quelles sont les tâches correctives. »

Le thérapeute engagé dans l'intervention de crise doit être optimiste, confiant, actif et empathique [12]. C.R. Pfeffer [13] énonce :

« *Le thérapeute se doit d'être très honnête envers son patient suicidaire ; il doit faire preuve de cohérence dans ses actions et ses remarques, et être en mesure de créer un climat de confiance afin que l'adolescent sente bien l'intérêt du thérapeute. Le thérapeute doit accepter qu'il ne peut pas garantir la sécurité de son patient.* »

L'adolescent doit sentir que le contrôle de sa vie lui incombe et ne peut lui être retiré. Il doit par contre être informé, dès le début, que le thérapeute ne sera pas lié par le secret professionnel s'il s'agit de le protéger contre tout comportement autodestructeur. Dans ce cas, l'adolescent est toujours mis le premier au courant de la démarche du thérapeute. La « responsabilité » de vivre est avant tout celle du patient. En conséquence, le rôle du thérapeute est de faciliter le désir et la force de vivre, mais il doit reconnaître qu'il n'est pas tout-puissant et ne peut pas toujours sauver le patient.

Les désirs d'autodestruction ne sont pas toujours formulés clairement et l'adolescent peut nier toute existence de détresse psychique. J.M. Toolan [14] souligne que, chez les enfants et les adolescents, « on évalue que plus de 50 % de tous les suicides sont déguisés en accidents ». Être heurté par une voiture, blessé par une arme à feu ou encore chuter d'une hauteur, peuvent toutes être des causes conscientes ou inconscientes de désirs autodestructeurs [15]. J.M. Toolan mentionne également que, durant la première phase de l'adolescence, la dépression est souvent masquée par des tendances à l'acting-out, telle la délinquance. L'adolescent plus âgé se tourne vers les drogues, l'alcool et la sexualité pour éviter de faire face à la dépression. Plusieurs adolescents dépressifs souffrent d'ennui excessif, de nervosité et d'intolérance à la solitude. D'autres présenteront des symptômes somatiques comme la fatigue, l'insomnie, les maux de tête, et les troubles gastro-intestinaux [14].

Il est à noter que le danger d'une intoxication médicamenteuse a peu en commun avec la gravité de l'intention suicidaire [4]. Les parents ont tendance à sous-évaluer la gravité du geste posé par leur adolescent [16]. Le degré d'angoisse, de culpabilité et d'impuissance ressenties par l'adolescent à la suite d'une *menace* de suicide, peut être très intense. Ce serait une erreur que de ne pas traiter cette menace au même titre qu'une tentative de suicide. Le professionnel de la santé doit pouvoir reconnaître toutes les facettes de la dépression et du comportement suicidaire et ne jamais perdre de vue le degré de souffrance psychique.

L'intervention de crise débute dès le premier contact avec le patient à la salle d'urgence. Il faut insister sur l'importance de l'entrevue initiale avec le patient et sa famille qui soit avoir lieu dès l'arrivée de l'adolescent à la salle d'urgence. C'est à ce moment que l'adolescent et sa famille sont le plus aptes à accepter le traitement. Plus tard, l'adolescent réorganise ses défenses pour créer un bouclier derrière lequel se cache la détresse. Il se trouve isolé avec ses problèmes jusqu'à l'éclosion d'une prochaine crise. Il y a alors un risque certain de tentatives suicidaires répétées avec exacerbation de la gravité.

Il ne faut pas perdre de vue qu'une situation de crise familiale est créée par la présence même de la famille à la salle d'urgence et par l'hospitalisation de l'adolescent. A moins d'un état de crise, certaines familles ne reconnaissent pas l'existence de problèmes. L'anxiété que les parents éprouvent face à la possibilité du suicide de l'adolescent et, à un niveau moindre, face à son hospitalisation et à la possibilité d'un placement les incite à envisager des alternatives et effectuer des changements. Le rôle de la famille est revalorisé lorsque ses membres apprennent l'importance et la nécessité de leur collaboration pour le traitement de l'adolescent et sa réintégration familiale.

En résumé, l'intervention de crise se veut d'approche globale et de courte durée. Elle utilise et amplifie la situation de crise au risque d'ajouter au stress de l'adolescent et de sa famille. Elle circonscrit un problème actuel prédominant et recherche une solution dynamique. Elle utilise au maximum les ressources du patient et de son entourage. Elle repose sur un rapport de confiance solide avec le thérapeute. Son but immédiat est de briser l'isolement de l'adolescent et d'effectuer des changements positifs dans sa condition psychosociale. L'intervention ne prétend pas modifier la psychopathologie personnelle de l'adolescent, mais veut rendre possible une démarche thérapeutique à long terme par la résolution de l'état de crise et le rejet de l'option suicide.

L'examen clinique de l'adolescent suicidaire

L'examen clinique comprend plusieurs volets. L'entrevue familiale en fait partie intégrante dans la mesure du possible. L'évaluation vise à établir le pourquoi de *cette* tentative chez *cet* adolescent à *ce* moment précis [22]. Il peut s'avérer nécessaire d'interviewer les travailleurs sociaux, les psychologues scolaires et les amis (avec le consentement du patient) pour compléter l'examen. On doit mettre en évidence tous les détails de la tentative de suicide ou des ruminations suicidaires ainsi que les risques possibles d'une récidive. Déterminer les causes immédiates de la tentative de suicide ne suffit pas à l'examen clinique. Il reste encore à découvrir la signification personnelle et les raisons profondes de cette tentative. Quel est son comportement social et interpersonnel ? Ses forces et faiblesses ? Sa capacité d'accepter la séparation et le rejet ? Un adolescent dépressif, ordinairement compétent et qui réussit généralement bien ce qu'il entreprend, sera plus enclin à planifier et à réussir sa tentative. Par contre, l'adolescent qui vit de multiples difficultés psychosociales et dont la compétence est restreinte à tous les niveaux, réagira impulsivement à des séparations mineures par des tentatives plus ou moins bénignes. Il faut aussi tenir compte du niveau d'éducation de l'adolescent, de celui de sa pensée abstraite, de son développement cognitif, de son degré d'autonomie et de la cohésion de son identité. Une évaluation détaillée du degré de cohésion ou de diffusion de son identité nous permet d'apprécier la psychopathologie de la personnalité. Les adolescents qui présentent des troubles importants de la personnalité courent un risque très élevé de comportements imprévisibles et impulsifs. La présence d'une psychopathologie doit être mise en rapport avec l'évaluation générale de l'adolescent pour bien étudier son risque de suicide. En dernier lieu, on doit évaluer la tentative de suicide et ses causes telles que perçues par la famille. Et enfin, les modes de communication et de fonctionnement qui règnent au sein de cette famille.

Voici quelques exemples de questions posées au cours de l'examen clinique d'un adolescent suicidaire [17, 18, 19, 20, 21, 22].

Les facteurs situationnels

1) Facteurs de risque

— Quelle était la violence de la méthode utilisée dans la tentative de suicide ? (Les armes à feu, la pendaison et la chute du haut d'un édifice sont des indicateurs d'un risque élevé de suicide).
— L'adolescent était-il conscient à son arrivée à l'urgence ?
— Se rétablira-t-il complètement ? Jusqu'à quel point sa vie était-elle menacée ?
— Quel est le traitement médical nécessaire ?

2) Facteurs de « secours »

— L'adolescent s'attendait-il à être secouru ?
— A-t-il demandé de l'aide ou donné des indices quant à ses intentions ?
— A-t-il demandé de l'aide après sa tentative ?
— L'adolescent s'est-il présenté de lui-même à l'urgence ou y a-t-il été amené ?
— Quelle était la probabilité que l'adolescent soit trouvé ?

3) Autres facteurs

— L'adolescent avait-il écrit une note de suicide ou s'était-il départi de ses possessions préférées ?
— L'adolescent regrette-t-il de ne pas avoir réussi son suicide ?
— A-t-il l'intention de recommencer ?
— A-t-il des aspirations pour l'avenir ?
— Croit-il que la crise qui l'a mené à poser ce geste est résolue ou résoluble ?
— Quelle est la raison donnée par l'adolescent pour expliquer sa tentative ?

Questions concernant l'adolescent

1) Type et intensité de la psychopathologie

— A-t-il une histoire antérieure de maladie psychiatrique ? (S'il souffre de schizophrénie ou de désordre affectif majeur, le risque de réussir son suicide est plus élevé) [23].
— Souffre-t-il d'un trouble de la personnalité ? Si oui, lequel ?
— L'adolescent est-il cliniquement déprimé ?
— Lui connaît-on une histoire antérieure de tentatives ?
— Lui connaît-on une histoire antérieure d'abus de drogues ou de boisson ?

2) Degré de fonctionnement

— Les relations affectives de l'adolescent sont-elles stables ? (On a déjà rapporté que les adolescents suicidaires avaient tendance à former rapidement des liens conflictuels intenses et à manifester une forte intolérance à la séparation).
— Comment décrit-il les relations à l'intérieur de la famille ?
— Quelles sont la durée et l'intensité de ses difficultés sociales, scolaires et affectives ?

— Quels sont le nombre et le genre de changements auxquels l'adolescent a dû faire face au cours des six derniers mois ?

— Dans le cas des filles : y a-t-il eu inceste, tension incestueuse ou abus sexuel ? [24].

Nous devons évaluer les atouts et les faiblesses de l'adolescent, ainsi que l'étendue de la diffusion de sa personnalité :

— A quoi s'intéresse-t-il ? Quels sont ses passe-temps favoris ? (sports, lecture, art, musique, télévision). Jusqu'à quel point s'implique-t-il dans ces activités et quelle satisfaction en retire-t-il ? (ex. : s'il choisit la musique, peut-il dire quel genre et les raisons de sa préférence ? Peut-il nommer trois groupes ou compositeurs dans la catégorie de son choix ? Possède-t-il des disques de ces groupes ? Peut-il donner le titre de trois disques ? Lequel préfère-t-il ? Combien d'heures par semaine alloue-t-il à ses loisirs ? etc.).

— Quelle est sa relation avec ses pairs ? A-t-il un ami intime ? Quelle est la qualité de cette amitié ? (Quel âge a son meilleur ami ? Depuis quand se connaissent-ils ? A quand remonte leur dernière rencontre ? Qu'ont-ils en commun ? Se sent-il bien accepté dans cette relation ? Peut-il discuter de sujets personnels avec cet ami ? Est-il son confident ? A-t-il fait connaître ses intentions à cet ami ?) La plupart des adolescents suicidaires n'ont personne à qui se confier.

— Réussit-il dans ses études ? Quelles sont ses notes scolaires ? Quelles sont les matières qu'il préfère ? Celles qu'ils déteste ? A-t-il fait son choix de carrière ? Son choix est-il réaliste ou va-t-il à l'encontre de ses aptitudes ? Connaît-il l'étendue des études nécessaires pour poursuivre cette carrière ?

— A-t-il commencé ses fréquentations amoureuses ? A-t-il une « petite amie » ? Quelle a été sa plus longue relation amoureuse ? Est-il sexuellement impliqué ? Comment comprend-il la sexualité ? S'adonne-t-il à la promiscuité ?

— Quelle est sa religion (Certains adolescents ne savent même pas s'ils ont été baptisés. Plusieurs affirment ne pratiquer aucune religion.) Est-il croyant ? Ressent-il le besoin d'une dimension spirituelle dans sa vie ? Tient-il un journal de bord ? Est-il capable d'autocritique ?

Questions concernant la famille

— L'histoire de ruptures familiales et de placements s'il y a lieu.
— Y a-t-il une histoire de maladie psychiatrique, de tentatives de suicide ou d'alcoolisme dans la famille ?
— Les parents s'acquittent-ils de leur rôle parental auprès de cet adolescent ?
— Quelle est la qualité du soutien familial pour cet adolescent ?
— Quelles sont les exigences des parents ?
— Quelle est la qualité du dialogue entre les parents et l'adolescent ?
— Quel est le degré d'autonomie et d'émancipation dans les liens affectifs ? (les adolescents suicidaires restent liés aux membres de leur famille, malgré les ruptures) [31].
— La famille reconnaît-elle ses propres conflits ? De quelle manière les règle-t-elle ?
— La colère est-elle exprimée et tolérée ?
— Y a-t-il place pour l'individualisation et l'émancipation au sein de la famille ?
— La famille est-elle sensibilisée à la détresse de l'adolescent ?
— La famille est-elle en mesure d'offrir une protection et une surveillance adéquates à son adolescent ?

Le traitement de l'adolescent suicidaire

La modalité de traitement dépend du résultat de l'évaluation globale. Le graphique 1 illustre le processus décisionnel durant la crise suicidaire.

Suivant l'axe vertical, on note la psychopathologie dans un continuum selon la gravité du diagnostic. Sur l'axe horizontal, on note le degré de sévérité de la tentative de suicide, selon l'évaluation des facteurs risque-secours. Les données psychosociales sont également inclues dans l'évaluation de la gravité de la psychopathologie ainsi que dans celle de la tentative de suicide. La topométrie des adolescents suicidaires sur ce graphique se rapprochera du tracé d'une ligne droite car la sévérité de la psychopathologie va de pair avec celle de la tentative de suicide. Il est donc possible de distinguer deux groupes. Le premier, indiqué à la partie inférieure du tracé (voir psychopathologie non psychotique et tentative légère), représente le groupe à faible risque, soit la majorité des cas. Le deuxième inscrit à la partie supérieure du tracé (voir une tentative modérée ou sévère chez un schizophrène) fait partie du groupe à risque élevé, soit la minorité des cas.

Graphique 1
Processus décisionnel de l'intervention de crise

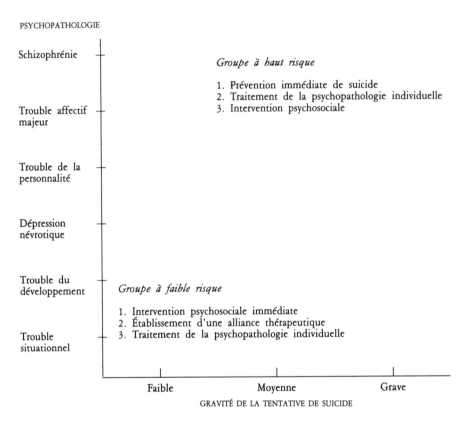

PSYCHOPATHOLOGIE

Schizophrénie

Groupe à haut risque

1. Prévention immédiate de suicide
2. Traitement de la psychopathologie individuelle
Trouble affectif   3. Intervention psychosociale
majeur

Trouble de la
personnalité

Dépression
névrotique

Trouble du
développement   *Groupe à faible risque*

1. Intervention psychosociale immédiate
2. Établissement d'une alliance thérapeutique
Trouble   3. Traitement de la psychopathologie individuelle
situationnel

Faible   Moyenne   Grave

GRAVITÉ DE LA TENTATIVE DE SUICIDE

Cette distinction est préconisée car demeure toujours le danger de négliger les cas très légers si la vie du patient n'a pas été mise en danger. Toutes les tentatives de suicide sont graves de par le degré élevé de détresse psychique. La plupart des adolescents qui font une tentative de suicide ne veulent pas mourir et il est erroné d'accorder l'entière priorité à la gravité physique de l'acte suicidaire. Nous suggérons donc d'établir une distinction dans l'approche thérapeutique afin de s'adresser aux besoins propres de chacun des groupes.

L'intervention en cas de risque élevé de suicide

Si le risque de suicide est élevé, le patient doit être hospitalisé et gardé sous stricte observation. Le premier souci est de prévenir le suicide. La maladie psychiatrique, que l'on retrouve dans un tiers des cas, doit être traitée avec la médication appropriée. L'ordonnance de neuroleptiques et surtout d'antidépresseurs doit être bien contrôlée et l'accès du patient suicidaire à une quantité dangereuse de médicaments surveillé.

L'intervention psychosociale aura une mission de soutien plutôt que de thérapie. Des rencontres avec la famille, l'école ou les agences communautaires peuvent aider ces derniers à mieux comprendre la nature du problème de l'adolescent et, par le fait même, lui apporter le support dont il a besoin. Si l'on croit que l'adolescent tirera avantage d'une hospitalisation prolongée ou d'une admission dans un centre de jour, il sera essentiel d'obtenir la collaboration de la famille et de l'école. Les exigences de la prévention du suicide sont prioritaires sur les demandes d'intégration familiale et scolaire. Cette approche thérapeutique diffère beaucoup de l'intervention de crise utilisée auprès d'adolescents chez lesquels le risque de suicide est moins sévère.

L'intervention en cas de risque faible de suicide

L'hospitalisation peut être nécessaire pour l'adolescent qui présente un risque léger ou moyen, mais elle sera normalement de courte durée. Cette hospitalisation est indiquée si les parents refusent de reconnaître l'existence d'un conflit ou la gravité de la situation, et si leur attitude face à l'évaluation et au traitement n'est pas jugée satisfaisante par le thérapeute [26]. L'hospitalisation est également indiquée s'il s'agit d'une récidive de menace ou de tentative, si peu sévère soit-elle. Le seul fait d'admettre le patient pour quelques jours est une constatation de sa détresse et sert les objectifs de l'intervention de crise. Finalement, un des aspects importants de l'hospitalisation est la possibilité d'établir un lien étroit et rapide avec le jeune patient, nous permettant de gagner sa confiance et de former une alliance thérapeutique positive. Ordinairement, le patient reçoit son congé au bout de quelques jours et son traitement se poursuit en clinique externe. La prise en charge externe est faite par le même thérapeute où par un autre membre de l'équipe. Le changement de thérapeute, s'il y a lieu, s'opère toujours avant que le patient ne quitte l'hôpital. Cela nous permet d'assurer la continuité du traitement et de limiter les *drop-*

out. L'intervention de crise se concentre sur la rapide réintégration sociale, familiale et scolaire de l'adolescent. Il est crucial d'obtenir l'engagement et la participation de la famille, sinon il faut envisager de placer l'enfant en foyer d'accueil. Ces interventions sont parfois rejetées par le patient ou sa famille et provoquent beaucoup d'anxiété. Les menaces de suicide ne doivent pas faire reculer le médecin traitant. Inévitablement, ce même patient en viendra à apprécier l'aide qui lui aura été offerte. Tous les problèmes de l'adolescent ne seront pas résolus pour autant, mais l'option suicide sera écartée. La thérapie individuelle, pour s'adresser aux conflits inconscients et à l'impasse développementale, se fera dans un second temps et sur une période de temps plus prolongée. L'intervention de crise dans le groupe à risque peu élevé se désintéresse de la prévention immédiate du suicide au profit d'une prévention secondaire à longue échéance.

On peut établir les différences entre les deux approches thérapeutiques que nous suggérons. En résumé, le groupe à risque élevé exige :

1) des mesures immédiates pour prévenir le suicide ;

2) un traitement de la psychopathologie individuelle ;

3) des interventions psychosociales. A l'opposé, le groupe à faible risque exige :

1) une intervention psychosociale immédiate ;

2) la création rapide d'une alliance thérapeutique avec le thérapeute et son équipe ;

3) une thérapie à long terme qui s'adresserait à la psychopathologie personnelle.

D'une certaine manière, les deux modalités de traitement peuvent être perçues comme diamétralement opposées. Le but initial du traitement du groupe à risque élevé est d'assurer la sécurité du patient, tandis que le but premier du traitement du groupe à faible risque est de tirer avantage de la situation de crise, voire même l'amplifier pour apporter des changements favorables dans la vie de l'adolescent. Lorsque la crise est atténuée et que la situation est redevenue plus stable, les thérapies individuelle, familiale et de groupe des deux catégories précisent davantage leurs objectifs.

Thérapie individuelle

Chaque adolescent est traité selon au moins deux des trois approches possibles : les thérapies individuelles, familiales ou de groupe. Ce jumelage de traitements n'est pas nouveau [13, 27]. La thérapie individuelle est cruciale. J.D. Teicher [6] écrit qu'en dépit des dénégations qui surviennent très tôt après le rétablissement du patient, un travail direct doit être commencé pour l'aider à surmonter ses idées suicidaires et son état dépressif. Il est souhaitable qu'avant de recevoir son congé de l'hôpital, le patient en soit arrivé à une compréhension de certains facteurs et contraintes qui l'ont poussé à attenter à sa vie. Selon W.C. Ackerly [28], la thérapie individuelle doit surtout permettre à l'enfant :

1) de modifier son sentiment de délaissement et de punition ;

2) réduire l'emphase mise sur la revendication d'un état et d'un Moi idéal ;

3) développer des identifications plus saines ;

4) modifier ses réactions impulsives devant la frustration et les désappointements. Pour C.R. Pfeffer, la thérapie doit aider l'enfant à développer des mécanismes de défense contre le stress et les situations douloureuses.

L'objectif du travail thérapeutique auprès d'un enfant suicidaire est de lui permettre de discerner les désirs qui sont légitimes, rechercher des moyens pour rehausser l'estime de soi et de diminuer impuissance et désespoir en renforçant les liens constructifs qui l'unissent au thérapeute et aux autres intervenants [13]. La thérapie individuelle vise à briser l'isolement de l'adolescent en formant une bonne alliance de travail pour qu'il puisse repenser son désarroi et rejeter l'option suicide.

La psychothérapie individuelle peut restituer un sentiment d'espoir et de maîtrise par une aptitude accrue à partager ses émotions et à exprimer ses désirs. De plus, elle permet à l'adolescent de développer un sens de continuité interne et d'identité, et lui fournit les moyens d'anticiper et de prévenir les situations stressantes dans l'avenir. Si une solide alliance est établie durant l'intervention de crise, il sera possible, par une thérapie à long terme, de s'adresser aux conflits psychiques plus profonds et aux problèmes liés au développement de l'adolescent.

Thérapie familiale

La thérapie familiale est de première importance dans le traitement de l'adolescent suicidaire. D'après J. Richman [32], la famille de l'enfant suicidaire présente plusieurs traits caractéristiques. On lui connaît « plus de séparations, de divorces, de désaccords, de décès, de scissions, de déceptions sentimentales et d'amitiés perdues ». Il ajoute qu'il y a toujours danger réel de séparation, mais que cette dernière peut aussi être utilisée comme une menace continuelle. On a tendance à percevoir ces familles « suicidaires » comme des unités fermées et fragiles qui ne s'adaptent pas aux changements, se révèlent vulnérables à la dépression où la communication est pratiquement inexistante. J. Richman [29] ajoute : « Non seulement la famille suicidaire est réfractaire au dialogue, mais elle ne permet aucune source de communication à l'extérieur de son cercle. Elle tend de plus à empêcher le dialogue entre ses propres membres et exige la discrétion et l'isolement de la personne suicidaire. » La famille démontre également beaucoup d'hostilité envers son adolescent suicidaire. J.C. Sabbath [30], pour sa part, croit qu'un des facteurs importants contribuant au comportement suicidaire est le message conscient ou inconscient des parents de vouloir se débarrasser de l'enfant, interprété de façon concrète ; c'est le concept de « l'enfant en trop » ou de « l'enfant sacrifié ». L'implication de la famille dans le traitement permet de diriger l'attention sur les problèmes familiaux et loin de l'adolescent, souvent identifié au bouc émissaire que la famille accuse d'être à l'origine de tous ses problèmes. La tristesse et la colère de toute la famille sont mises à jour et les besoins individuels de ses membres sont reconnus.

On constate fréquemment qu'à la suite d'une intervention familiale, il arrive qu'un des parents, le couple, un frère ou une sœur, expriment le désir de suivre une thérapie pour son besoin propre. Un des objectifs de la thérapie familiale est d'atténuer la culpabilité ressentie par la famille se traduisant souvent par la colère et le rejet. Il s'agit d'aider les parents à retrouver leur rôle auprès de l'adolescent, alors que les besoins de dépendance de ce dernier sont mieux reconnus. Bien qu'il soit un membre de l'équipe, le thérapeute familial n'est habituellement pas celui qui prend en charge la thérapie individuelle de l'adolescent, ni celle des autres membres de la famille. L'identité du thérapeute familial est protégée de manière à valoriser son approche systémique et stratégique auprès de la famille.

D'après C.R. Pfeffer [31], la thérapie entreprise avec la famille d'un enfant suicidaire est un processus ardu et une entreprise de longue haleine.

« La phase aiguë du traitement doit inclure l'assurance qu'aucun danger ne guette l'enfant, que la famille est bien renseignée sur la gravité du comportement suicidaire de cet enfant et sur le rôle parental qu'elle a à jouer. Enfin, il faut promulguer certains changements immédiats et concrets au sein même du foyer. Durant le processus de traitement à long terme, une attention particulière doit être portée à la psychopathologie individuelle de l'enfant, au conflit qui exclut *toutes réactions parentales adéquates aux besoins de l'enfant, et aux difficultés caractérologiques de chaque parent. »*

J. Richman [32] ajoute que la thérapie a pour but d'instaurer et de déclencher un processus de guérison qui permettra aux participants d'accepter certains changements individuels et familiaux, et de redonner espoir.

Il est important de bien reconnaître qu'une tentative de suicide est une période de crise autant pour l'adolescent que pour sa famille. La défaillance développementale de l'adolescent coïncide avec la faillite du système familial. La famille ne doit donc pas être négligée dans le plan de traitement de l'adolescent suicidaire.

Thérapie de groupe

Le groupe est constitué d'une dizaine d'adolescents sélectionnés pour leur comportement suicidaire et de deux thérapeutes. L'adolescent qui s'engage dans une thérapie de groupe se sent déjà moins isolé. Il retrouve un groupe de pairs avec lequel il est possible de se sentir compris, accepté et soutenu. La thérapie de groupe développe l'autocritique de l'adolescent et une meilleure maîtrise de ses difficultés. Elle permet aussi une confrontation saine des mécanismes de défense et de l'image sociale que l'adolescent projette.

Les adolescents sont informés de la thérapie de groupe lors de leur évaluation. L'engagement se fait sur une base volontaire. Ils rencontrent un thérapeute du groupe avant d'obtenir leur congé de l'hôpital ou de la salle d'urgence. La thérapie débute en général la semaine suivant leur départ de l'hôpital. Il est requis qu'un contrat les engage à assister régulièrement aux réunions du groupe et à s'abstenir de tout comportement suicidaire durant la période de traitement. Les séances sont hebdomadaires et s'échelonnent sur une période d'environ six semaines.

La thérapie de groupe joue un rôle à la fois de soutien et éducatif. Elle utilise aussi l'interprétation de la dynamique de groupe pour accroître la compréhension des difficultés développementales et interpersonnelles de ses membres. Les thérapeutes se réunissent régulièrement avant et après chaque séance. Sur une base hebdomadaire, ils rencontrent un superviseur attitré à cette fonction.

Travail d'équipe et liaison

Le succès de l'intervention de crise dépend de la liaison qu'il faut assurer avec les personnes qui travaillent dans l'entourage de l'enfant. Le personnel scolaire, les travailleurs sociaux et les membres de la famille doivent pouvoir communiquer directement avec les membres de l'équipe d'intervention de crise. L'équipe se donne un rôle de consultation et de coordination auprès de l'école, des agences communautaires et de la famille. La responsabilité du traitement d'un adolescent suicidaire est parfois lourde à porter et personne ne devrait être seul à le faire : l'approche du travail d'équipe sert justement à éviter un tel isolement. Les membres de l'équipe se réunissent plusieurs fois durant la semaine et ont conscience de la nécessité de travailler en étroite collaboration.

L'équipe d'intervention de crise (sans que cela soit prévu) s'est vu graduellement attribuer un rôle de sensibilisation auprès du public et des médias d'information. Ce rôle s'est élargi pour inclure la prévention primaire et secondaire du suicide. A cette fin, l'équipe collabore avec les médias d'information, participe à des forums publics, à des réunions scolaires avec les élèves et les enseignants, et à des journées d'études pour les intervenants en santé mentale. Il semblerait que l'équipe réponde à un besoin social pressant.

LE SUIVI ET LE PRONOSTIC DE L'ADOLESCENT SUICIDAIRE

Il y a peu d'études sur le suivi des adolescents suicidaires. M.S. McIntire [33] rapporte 31 % de récidives des tentatives de suicide durant les deux premières années. Toutes les récidives étaient prévisibles à l'entrevue initiale par la nature de l'intention suicidaire, les symptômes de colère et d'hostilité, et la présence d'une dépression accompagnée d'une image de soi particulièrement négative.

Les récidives de tentatives de suicide sont principalement reliées à l'échec de la crise suicidaire à modifier l'environnement de l'adolescent ou, à défaut de cela, à modifier la perception que l'adolescent a de cet environnement.

Il est aussi démontré que l'hospitalisation psychiatrique suivie d'un retour à un entourage socio-familial inchangé est une solution inadéquate et vouée à l'échec.

Selon J.T. Barter [34], le taux de récidive des tentatives de suicide est de 42 %. Ces adolescents sont incapables de modifier leurs rapports familiaux, ont souffert d'une perte parentale, mènent une vie sociale appauvrie et dépendent continuellement de l'aide et du support des agences sociales et des institutions médicales. D'autre part, R. Cohen-Sandler [35], qui a fait l'étude du suivi de 72 enfants et adolescents hospitalisés en psychiatrie, a trouvé que 20 % des adolescents étaient encore suicidaires après leur congé de l'hôpital. D'après le même auteur, les adolescents qui recommencent leur tentative de suicide sont plus âgés, leur première tentative était plus grave, les circonstances psychosociales semblent plus stressantes et plus chaotiques, associées à plusieurs pertes et séparations. Les adolescents qui demeurent suicidaires ont moitié moins de chances d'être impliqués dans une thérapie familiale après leur hospitalisation que les adolescents non suicidaires.

L'intensité, la qualité et la durée du traitement semblent être directement liées au pronostic. Le taux de récidives rapporté dans l'étude de S. Greer et C.R. Bagley [36] pour les patients qui ne reçoivent aucun traitement après leur départ est de 39 % sur une période de deux ans. Il diminue à 26 % quand une thérapie brève est instituée et à 20 % quand une thérapie plus prolongée est entreprise. Un contact suivi et prolongé qui prendrait la forme d'entrevues ou d'appels téléphoniques à intervalles réguliers, préalablement planifiés avec l'adolescent, favorise un meilleur pronostic.

Le taux de récidives à l'Hôpital de Montréal pour Enfants est présentement estimé à 15 % pour une période de un à deux ans. Ce taux, relativement bas, s'explique en partie par la limite d'âge de nos patients qui est de 13 à 18 ans.

Un pourcentage important d'adolescents recommenceront leur tentative de suicide et quelques-uns commettront le suicide. Les récidives semblent être liées à une situation psychosociale particulièrement chaotique et à l'échec (ou l'impossibilité) d'une intervention familiale ou sociale. La durée du traitement influence favorablement le pronostic. La disponibilité en cas d'urgence et le maintien d'un contact structuré et prolongé avec l'adolescent suicidaire semblent également favoriser la prévention secondaire.

CONCLUSION

Nous avons voulu décrire l'examen clinique et le traitement de l'adolescent suicidaire qu'offre l'Hôpital de Montréal pour Enfants. Notre approche est basée sur l'hypothèse que la plupart des adolescents suicidaires ne veulent pas mourir et que la thérapie doit s'adresser à leur souffrance mentale. Bien que leur geste suicidaire soit impulsif, déclenché par une frustration mineure, leurs troubles et leur tendance au suicide ne peuvent être compris que dans une perspective longitudinale. L'option suicide sera rejetée si nous réussissons à briser l'isolement de l'adolescent et à effectuer des changements dans son entourage. L'intervention de crise vise principalement cet objectif. Elle doit, en un second temps, servir à encourager l'adolescent à entreprendre une thérapie à long terme, si indiquée, une fois qu'une certaine stabilité sera retrouvée. Nous pensons que l'adolescent à risque élevé de suicide nécessite une approche de prévention immédiate et requiert un traitement initial différent. L'hospitalisation et les thérapies individuelles, familiales et de groupe sont parmi les modalités utilisées dans l'intervention de crise. De plus, la liaison et la coordination avec la communauté sont importantes, tout comme un suivi régulier et à long terme.

RÉFÉRENCES BIBLIOGRAPHIQUES

[1] SHNEIDMAN, E.S., « Aphorisms of suicide and some implications for psychotherapy », *American Journal of Psychotherapy*, 38 (3), 1984, p. 319-328.

[2] YARVIS R.M., « Crisis intervention as a first line of defense », *Psychiatric Annals*, 5, 1975, p. 195-197.

[3] DASHEF S., « Aspects of identification and growth during late adolescence and young adulthood », *American Journal of Psychotherapy*, 38 (2), 1984, p. 239-247.

[4] HAWTON K., « Prevention and management of deliberate self-poisoning », *The Practitioner*, 225, 1981, p. 1813-1817.

[5] LAUFER M., « Adolescent breakdown and the transference neurosis », *International J. Psyco-Analysis*, 62, p. 51.

[6] TEICHER J.D., « Suicide and suicide attempts », *in* Joseph D. NOSHIPTZ, *Basic disturbances of development*, vol. 2, Part C. N° 38, 1979, p. 685-697.

[7] LINDEMANN E., « Symptomatology and management for acute grief », *Am. J. Psychiatry*, 101, 1944, p. 144-148.

[8] CAPLAN G., *Principles of preventive psychiatry*, New York, Basic Books, 1964.

[9] LANGSLEY D.G., « Crisis intervention : an update current », *Psychiatric Therapies*, 20, 1981, p. 19-37.

[10] LANGSLEY D.G., KAPLAN D.M., *The treatment of families in Crisis*, New York, Grune and Statton, 1968.

[11] RABKIN R., « Crisis intervention » in FERHER A., MENDELSON et NAPIER, *Book of Family Therapy*, Boston, Houghton Mifflin Co, 1972.

[12] RUSK T.N., « Opportunity and technique in crisis psychiatry », *Compr. Psychiatry*, 12, 1971, p. 249-263.

[13] PFEFFER C.R., « Modalities of treatment for suicidal children : an overview of the literature on current practice », *Am. J. of Psychotherapy*, 38 (3), 1984, p. 364-372.

[14] TOOLAN J.M., « Suicide in children and adolescents », *Am. J. of Psychotherapy*, 29 (3), 1975, p. 339-344.

[15] COHEN-SANDLER R., BERMAN A.L., « Diagnosis and treatment of childhood depression and self destructive behavior », *The journal of Family Practice*, 11 (1), 1980, p. 51-58.

[16] SAMY M., « Evaluation and treatment of suicidal risk ». On current pediatric therapy 12. Ed. SS Gellis, BM Kagan, WB Saunders Company Section 2, Psychiatric disorders. p. 31-32.

[17] LOWENSTEIN S.R., « Suicidal behavior recognition and intervention », *Hospital Practice*, 1985, p. 52-71.

[18] MCINTIRE M.S. *et al.*, « Evaluation of suicidal risk in adolescents », *The journal of Family Practice*, 1975, 2 (5), 1975 p. 339-341.

[19] ENNIS J., « Clinical practice. Self-harm 2) Deliberate non fatal self harm », *Can. Med. Ass. J.*, 129, 1983, p. 121-125.

[20] PFEFFER C.R., « Clinical aspects of childhood suicidal behavior », *Pediatric Annals*, 13 (1), 1984, p. 56-61.

[21] WEISMAN M., WORDEN W., « Risk rescue rating in suicide assessment », *Arch. Gen. Psychiat.*, 26, 1972, p. 553-560.

[22] PRICE M., CARNEY M.W.P., « Dealing with suicidally inclined », *British Medical Journal*, 285, 1982, p. 705-707.

[23] GARFINKEL B.D., GOLOMBEK M., « Suicidal behaviour in adolescents », in M. GOLOMBEK, B. GARFINKEL, eds., *The adolescent and mood disturbance*, chap. 13., p. 189-217., New York, International Universities Press Inc., 1983.

[24] LUKIANOWICZ R., BERMAN A.L., KING L.A., « A follow up study of hospitalized suicidal children », *J. Am. Acad. Child Psychiatry*, 21, 4, 1982, p. 398-403.

[25] COHEN-SANDLER R., BERMAN A.L., KING L.A., « A follow up study of hospitalized suicidal children », *J. Am. Acad. Child Psychiatry*, 21, 4, 1982, p. 398-403.

[26] CONNEL P.H., « Suicidal attempts in childhood and adolescents », in HOWELLS J.G., éd. *Modern perspectives in child psychiatry*, Londres, Oliver Boyd, 1965, p. 403-427.

[27] ENNIS J. *et al.*, « Management of the repeatedly suicidal patient », *Can J. Psychiatry*, 30, 1985, p. 535-538.

[28] ACKERLY W.C., « Latency-age children who threaten or attempt to kill themselves », *J. Am. Acad. Child Psychiatry*, 6, 1967, p. 242-261.

[29] RICHMAN J., « Family determinants of suicidal potential » *in* ANDERSON

D.B., McLean L.J., eds., *Identifying suicidal potential*, New York, Behavior Publications, 1971.

[30] Sabbath J.C., « The suicidal adolescent », *The expendable Child. J.Am. Acad. Child Psychiatry*, 8, 1969, p. 272-289.

[31] Pfeffer C.R., « Interventions for suicidal children and their parents », *Suicide and Life Threatening Behavior*, 12, (4), 1982, p. 240-248.

[32] Richman J., « The family therapy of attempted suicide », *Family Process*, 18, 1979, p. 131-142.

[33] McIntire M.S. *et al.* « Recurrent adolescent suicidal behavior », *Pediatrics*, 60, 1977, p. 605-608.

[34] Barter J.T. *et al.*, « Adolescent suicide attempts a follow-up study of hospitalized patients », *Arch. Gen. Psychiatry*, 19, 1962, p. 523-527.

[35] Cohen-Sandler R. *et al.*, « A follow-up study of hospitalized suicidal children », *J. Am. Acad. Child Psychiatry*, 21, 1982, p. 398-403.

[36] Greer 'S., Bagley C.R., « Effect of psychiatric intervention in attempted suicide. A controlled study », *Brit. Med. J.*, I, 1971, p. 310-312.

5. L'INTERVENANT
ET L'ADOLESCENT SUICIDAIRE

Ginette RAIMBAULT

*« Je ne connais rien de plus beau au monde
qu'un adulte qui parle avec un enfant. »*

Michel TOURNIER

Personne ne saurait mieux introduire le thème de ces journées qu'une adolescente, Vivienne, qui s'est suicidée à 14 ans. Dès l'âge de 9 ans, elle avait entrepris d'écrire un journal *Mon livre privé*, ainsi que des lettres et des poèmes qui, avec l'accord de ses parents, ont été édités par un psychiatre, John Mack, et une enseignante, Holly Hickler. John Mack s'était servi de ces documents pour illustrer une conférence sur l'adolescence. De son auditoire, pourtant composé de spécialistes en santé mentale, personne ne s'est rendu compte qu'il s'agissait d'une jeune fille triste, souffrant de son isolement et méditant son suicide. Si étonnant que cela puisse paraître à un lecteur attentif de ces écrits, cet aveuglement mérite d'être pris en compte. Cela signifie-t-il que la dépression — ici évidente — fait partie d'un processus de développement normal chez l'adolescent ? Quels seraient alors les facteurs responsables d'une incapacité à l'affronter ? L'intelligence — ici également évidente — serait-elle un facteur favorisant le suicide ? L'enseignante, H. Hickler, avait choisi ces textes pour illustrer les conflits quotidiens entre parents et enfants, et pour donner le point de vue d'une adolescente sur les grands thèmes : sexualité, identité, valeurs morales, rencontre avec la drogue... Pour elle, Vivienne ne se distinguait en rien des autres adolescents, hormis un sens de l'humour très vif, des capacités d'empathie très grandes et une sagesse hors du commun [13].

VIVIENNE s'est pendue juste avant Noël dans l'atelier d'artiste de sa mère ! Ce que faisait chacun de ses proches au moment de sa mort mérite d'être rapporté, car illustrant parfaitement le climat familial. Un déménagement était prévu et, depuis des semaines, les difficultés matérielles liées à ce déménagement étaient la principale source de conversation. Ce soir-là donc, le père et la mère étaient à une soirée donnée en l'honneur de leur départ. Lauren, la sœur aînée, jouait du piano dans le salon. Bob, le frère aîné, était chez lui. Anne, la meilleure amie, s'apprêtait à partir en vacances, et John May, le maître et confident, était reparti dans son pays, de l'autre côté des États-Unis. Les indices ne manquaient pas qui auraient pu alerter la famille de l'intention de Vivienne. Ainsi en est-il de la corde avec laquelle elle s'est pendue, elle l'avait demandée à sa mère trois jours auparavant, et celle-ci la lui avait donnée sans lui poser la moindre question. Lauren, qui jouait du piano au salon, avait remarqué les allées et venues de sa sœur dans les escaliers et sa descente à la cave : ce n'est qu'au bout d'un quart d'heure qu'elle s'est inquiétée de son silence. Quant à Paulette, la mère, se remémorant la journée, elle se souvient : « Quand je l'ai embrassée pour lui dire bonsoir, elle n'a pas réagi. Il y avait une odeur curieuse sur elle ; je réalise maintenant que c'était l'odeur de la peur. »

Interrogés sur la ou les causes de ce suicide, chacun invoque un motif différent : pour Lauren, le sentiment de solitude qu'éprouvait Vivienne lui était devenu intolérable. Pour sa mère, Paulette, il s'agit sans doute d'un trouble du métabolisme chimique. Le père pense qu'elle était débordée par l'idée de leur déménagement et les conflits familiaux ; Bob, son frère, et John son maître et confident, regrettent de n'avoir pas été plus proches d'elle. Son amie, Anne, n'en est pas étonnée : elle savait que Vivienne était tout à fait résolue.

Que savons-nous du passé de Vivienne ?

Elle est la troisième enfant d'une famille de la petite-bourgeoisie de Nouvelle-Angleterre. Le père, pasteur, est décrit comme un grand obsessionnel dont la névrose a des effets inhibiteurs certains au plan professionnel et personnel. La mère, elle-même fille de pasteur, a des ambitions artistiques et surtout un grand désir de réussir, ne serait-ce, par exemple, que ses accouchements. Pour la naissance de Vivienne, elle avait décidé d'accoucher en musique, avec des écouteurs, pour offrir ainsi à toute la maternité le spectacle d'un accouchement sans douleur. Ceci ne l'a pas empêchée de se sentir d'emblée étrangère à ce bébé (ou l'inverse) : « Ce bébé assez rond, dont la langue, couleur abricot, est le signe d'une jaunisse due à notre incompatibilité sanguine », dira-t-elle. Incompatibilité est bien le terme si l'on en juge par l'explication qu'elle donne au suicide de sa fille : « un trouble du métabolisme ». Vivienne, d'après elle, demandait peu d'attention, se contentant d'une boîte de jouets et d'une bouteille de lait. Description tout à fait contredite par les deux autres enfants qui se souviennent des colères de Vivienne bébé : elle restait « des heures entières » à hurler sur le parquet.

A la suite de Sandor Rado [14], Mélanie Klein [11] a magistralement développé la problématique des conflits précoces et leur incidence sur la structuration psychique du nourrisson et du jeune enfant. Ici, à la perte de « l'objet d'amour » se conjugue l'ignorance radicale chez la mère des besoins, au sens le plus banal du terme, d'un bébé.

> Lorsque Vivienne a 2 ans, ses parents partent en Europe pour un voyage de dix semaines, et la confient à une personne totalement inconnue d'elle. On ne s'étonne pas d'apprendre qu'à leur retour Vivienne ne les reconnaît pas et les rejette.

Cet épisode démontre ce que de nombreux auteurs ont pu observer depuis Anna Freud, Spitz, Bowlby, Aubry : après la séparation d'avec l'objet maternel (ou son substitut), déception, angoisse, pleurs traduisent une phase de protestation violente qui dure relativement peu ; avec le temps, le désespoir remplace l'attente, l'apathie et le retrait sont à la mesure de la misère psychique. L'objet n'est pas oublié, mais à son retour il est investi d'une agressivité généralisée : le petit enfant refuse de « reconnaître » sa mère [4, 5, 20, 3, 1].

> Ne nous étonnons pas d'entendre cette mère dire de sa fille que, dès l'âge de 3 ans, elle était hors d'atteinte, comme hors de portée (« she turned us out »). Les écrits de Vivienne sont là pour témoigner de cette méconnaissance maternelle : le souvenir de son grand-père, mort alors qu'elle avait 4 ans et demi, semble cristalliser ses sentiments, ses émotions, sa raison, son désir de vivre et de lutter contre l'isolement de la dépression : « Je me souviens, il avait l'habitude de dire que les rêves étaient faits pour nous diriger. Il est avec moi. Il me décrit des images de colombe, il me montre la vallée où deux montagnes, celle de la raison et celle de l'émotion, se rencontrent. Elles conjuguent leurs efforts, nouées l'une avec l'autre au mépris de toute logique. Mais juste au moment où je vais retrouver la force de me battre contre le courant, je sens les eaux courir dans mes veines, alors mon grand-père me quitte. » Ceci date de quelques semaines avant son suicide.
>
> Les déménagements d'une paroisse à une autre sont fréquents, compte tenu des difficultés d'adaptation du père, et s'accompagnent chaque fois d'un changement d'école, donc de séparations d'avec les maîtres et amis, de ruptures d'autant plus

mal supportées que Vivienne se sent différente des autres : toujours habillée à l'ancienne, affublée d'un appareil dentaire qui lui vaut « quatre à cinq ans de douleur et d'humiliation » selon sa sœur, « elle pue » disent certains camarades de classe. Tenue à l'écart, elle se réfugie dans la solitude sans laisser quiconque savoir ce que cet isolement lui coûte. Le code familial encourage les valeurs morales : honnêteté, altruisme, dévouement aux autres, mais aussi curiosité intellectuelle et indépendance d'esprit. « On nous disait tout le temps que nous devions être fiers d'être qui nous étions, qu'il ne fallait pas copier les autres, mais qu'il fallait les servir. » Petit à petit, les enfants se rendent compte des contradictions entre le code moral à usage externe, pourrait-on dire, qui leur est imposé, l'exigence de style puritain dont Vivienne va, pendant un temps, devenir le porte-drapeau et la réalité de la vie familiale où l'incompréhension des parents vis-à-vis de leurs enfants est de règle... Vivienne ne peut parler à quiconque puisqu'il lui faut toujours être « conforme » au rôle qui lui est assigné et qu'elle tient même dans sa famille. Sa mère, en effet, s'appuie sur elle pour la moindre décision et lui demande conseil, par exemple à propos du frère qui prend du LSD et menace de se suicider ou du père qui ne sait que pleurer.

A 11 ans, Vivienne, toujours en butte aux sarcasmes des autres, est placée dans une petite école de Quakers où elle fait la connaissance de John May, jeune enseignant venu de Californie, également quaker et objecteur de conscience. Elle en tombe amoureuse dans la plus pure tradition adolescente. Une grande partie de son journal lui est destinée, témoignage bien éclairant sur l'importance de ce genre de rencontres et le rôle possible d'intervenants dans ce temps d'avant le passage à l'acte, alors que le suicide est en voie de se penser et de s'organiser. « Est-ce que vous me comprenez ? », demande-t-elle à propos de ce qu'elle écrit sur la vie, la mort, l'idéal, l'amitié. « J'espère que quiconque lira mes poèmes comprendra tout ce que j'y mets. Je n'aime pas la vie, simplement le tout petit bout de vie qui approche de mon idéal. Essayer de tenir mon rôle, ne pas lâcher avant d'avoir fait ce que je veux, ne pas abandonner par fatigue, dépression ou déception, c'est tout ce que je peux faire. » Quelques mois plus tard, apprenant que son ami John May va retourner en Californie, elle commence à envisager le suicide : « Quand est-ce que je mourrai ? Il me semble que je devrais mourir maintenant, pendant que tout va bien et qu'il y a un peu de joie dans ma vie. Cette joie sera peut-être partie dans un an, et moi aussi. »

Elle s'inscrit à différents séminaires sur la religion, la paix. Cet intérêt pour les grands thèmes philosophiques fait la matière de son Journal avec d'autres réflexions sur ce qu'elle nomme sa « dépression, une vieille épée oubliée qui se met tout d'un coup à briller et montre son tranchant ». « Lire ce livre (L'Accident de Wiesel) m'a fait réaliser que je comprendrais tout à fait quelqu'un qui, volontairement, vivrait pour ou dans la mort. » Elle a alors 12 ans. Si, dans son Journal, elle parle de plus en plus de sa solitude, ses amis ne s'en inquiètent pas outre mesure. Son comportement n'inquiète personne. Elle paraît assez enjouée, active et se lance même dans des relations sexuelles, pour être « comme les autres ».

Que penser de l'histoire qu'elle intitule : « Une fable sur la vanité ». « Il existait une fois une princesse ravissante, nommée Prunelda. Elle était vaine et peu plaisante. Elle s'occupait un peu d'art mais uniquement pour faire des portraits d'elle-même. Elle passait son temps dans ses appartements tout en miroirs. Son père King-Kong s'en inquiéta et décida de la marier, craignant de ne jamais pouvoir s'en débarrasser. Non loin de là vivait un prince, Hector, tout aussi vain et peu plaisant. Comme il aimait contempler ses yeux et s'émerveillait de leur beauté, il portait des lunettes dont l'envers était un miroir. Il entendit parler de Prunelda et décida de l'épouser. Ainsi il pourrait fréquenter ses appartements aussi souvent qu'il le désirerait, et il pourrait se contempler aussi fréquemment qu'il le voulait, simplement en regardant les miroirs. Elle reconnaîtrait sûrement la vraie beauté lorsqu'elle le verrait, pensa-t-il. Ils prirent rendez-vous un mardi après-midi à 3 heures et à 3 h 50, on pouvait voir Prunelda et Hector assis dos à dos, regarder fixement les miroirs, comme en transe, tout en s'exclamant : ''splendide'', ''magnifique''. L'un et l'autre pensèrent que les compliments de l'autre étaient pour lui et c'est ainsi qu'ils se mirent à s'aimer. En réalité, ils ne s'étaient pas vus. King-Kong les maria et ils passèrent de nombreuses années dans la joie, heureux de se regarder dans les miroirs... La morale de cette histoire est que si vous êtes extrêmement vain, ce que vous ne savez pas ne peut que vous aider. »

Une série de symptômes qui auraient pu alerter l'entourage sont traités comme de pures manifestations somatiques. Elle se plaint de douleurs abdominales et sa mère, pensant à une appendicite, veut l'envoyer consulter à l'hôpital, ce que Vivienne refuse.

Ce n'est que plus tard, après sa mort, que l'on apprend la raison de ce refus : lorsqu'elle avait 10 ans, un médecin de famille la trouvant un peu grosse avait procédé, fort brutalement et sans l'y avoir le mois du monde préparée, à un examen gynécologique qui l'avait profondément blessée. Que la mère ait pu ainsi laisser faire le médecin est en soi bien significatif de son ignorance radicale de ce que pouvait ressentir sa fille.

« Ne pas s'abandonner à la mort, résister à la tentation... Il est de plus en plus difficile de résister. » Tel est le thème d'un poème au titre également révélateur : « La faim ». John, son ami, recevant des lettres désespérées, mais toujours pudiques, décide de venir la voir. Mais la rencontre est ratée, leurs échanges restent superficiels et il repart sans avoir compris l'étendue du drame. Peu après, elle lui écrit à nouveau, expliquant cette fois les exercices pratiques auxquels elle se livre pour savoir comment faire pour s'étrangler : « Je sais que j'aurai besoin de le savoir un jour prochain. Quand on serre le cou, il y a deux effets, l'un est celui de la vie, l'autre celui de la mort. La vie apparaît sous la forme d'une figure qui blanchit, une sensation de picotement dans tout le corps, tandis que l'on est balancé d'avant en arrière. Quand on se laisse aller, on a des mouvements brusques qui viennent de plus en plus vite et ça, c'est horrible : la mort arrive comme une figure de plus en plus noire. La respiration est ténue et je suis sûre qu'elle s'éteindrait rapidement. La tête fait mal. J'ai pu voir dans le miroir à quoi ressemblera mon visage juste après la "tuerie" (comment traduire "killing" ?)... Quant à ma famille, je réalise que ma mort les dérangera, mais je suis sûre maintenant que je les dérangerai encore plus si je reste vivre cette vie. Ils ne méritent pas cela. Ils ne réaliseront jamais ce que je leur aurai épargné. »

Penser que le mal que l'on peut causer par sa présence est pire que celui que l'on va causer par son absence, telle est la toile de fond sur laquelle nombre de suicides sont effectivement mis en scène.

D'autres tentatives ont lieu telles des répétitions pour son dernier acte, mais qui ne suscitent aucune autre réaction des parents qu'une banalisation, voire même un déplacement : c'est la sœur qui inquiète. Vivienne se confie à une nouvelle amie dont — le fait mérite d'être noté — la sœur vient de se suicider. Cette amie, Anne, reconnaîtra plus tard : « J'étais pour elle comme une revenante », mais se considérant liée par le secret que lui demande Vivienne, elle ne fait part à personne de ces confidences.

Une question mérite d'être posée ici : Anne pensait-elle être mieux à même d'aider Vivienne en gardant le « secret » de la confidence ou était-elle, à son insu, prise dans un mécanisme de répétition, vivant de nouveau avec son amie la même scène de mise à mort vécue avec sa sœur ?

Devant l'importance des problèmes familiaux, une consultation est envisagée avec un « conseiller familial » qui, malheureusement, ne perçoit pas l'état dépressif de Vivienne. Le Journal permet de suivre le développement des idées suicidaires : elle se sent comme guidée ou appelée par son grand-père. Le lendemain de son suicide, on découvrira ce poème sur sa table de nuit.

« Une étoile qui n'est pas allumée/un enfant qui n'est pas né/une larme au-dedans/des pleurs. Ces choses/vous donneront la liberté... »

Le post-scriptum précise : « les larmes, les pleurs, c'est mon grand-père ». Une note accompagne le poème : « J'ai découvert et écrit ceci il y a trois ans — mais peut-être avons-nous tous besoin, de temps à autre, de nous souvenir. »

Pour Gaston Bouthoul [2], le suicide serait un infanticide différé, les victimes elles-mêmes se vouant à la réalisation du désir mortifère des parents. Telle est la lecture que je vous propose de l'histoire de Vivienne.

Dans l'argument de mon intervention à ce colloque, j'avais précisé : « intervenant au moment de la tentative de suicide ». Or, dès que l'on reprend la clinique, dès que l'on prend connaissance des écrits laissés par ceux qui ont effectivement franchi le pas, comme Vivienne, il paraît impossible, voire absurde, de restreindre ainsi le champ d'étude. Une tentative de suicide, même lorsqu'elle se présente comme un acte impulsif — soit, pour le sens commun, comme sans raison —, ne surgit pas un jour... par hasard. Elle s'inscrit dans l'histoire familiale, sociale, culturelle, l'histoire du sujet jalonnée de rencontres... rencontres signifiantes, rencontres ratées, rencontres du quotidien. La rencontre, ce terme qui désigne à l'origine le coup de dés, le combat, ce moment qui conjoint nécessité et hasard, est cet événement fortuit par lequel on se trouve épinglé dans telle ou telle situation. Nombre de rencontres ont pris place avant la tentative de suicide qui va, à son tour, figurer une tentative de rencontre, mais cette fois avec qui ? avec quoi ? La rencontre est à entendre alors non pas au sens chrétien, mais au sens grec de TUKN, avec ce que ce mot implique de chance, de bonne ou mauvaise fortune, d'ambiguïté et d'équivalence. C'est déjà dans cette histoire, dans cet « itinéraire présuicidaire » selon la formule de François Ladame [12] que se situent les interventions de personnages clés, hors de la famille.

Qui sont donc les intervenants dans cette étape antérieure ? Dans l'histoire de Vivienne apparaissent essentiellement médecins et éducateurs ou enseignants. Ces mêmes personnages sont en place dans les exemples suivants, représentatifs des enfants admis ces derniers mois à l'Hôpital des Enfants Malades de Paris.

ANNE, *12 ans 1/2*, est envoyée en consultation par l'école en raison d'une chute scolaire. Le médecin parle d'instabilité motrice permanente pour laquelle « il n'y a rien à faire ». Un an plus tard, à la suite d'une dispute avec sa mère et prenant prétexte de son mauvais travail scolaire, Anne avale des médicaments. Ainsi, le médecin comme l'école connaissaient les difficultés rencontrées par la fillette. Chacun a fait ce qu'il a estimé être son devoir, l'un en envoyant au spécialiste des maladies, l'autre en faisant un diagnostic, mais ici le diagnostic n'a été rien d'autre qu'une étiquette qui désignait l'instable comme hors du domaine d'action de la médecine.

MARIE, *13 ans*, a également pris des médicaments. Son histoire familiale rend compte en partie de son acte, mais celui-ci ne surgit pas à l'improviste. Marie rêvait de devenir danseuse et suivait avec une assiduité remarquable les cours d'un professeur qui, la jugeant assez douée, exigeait d'elle chaque jour un effort supplémentaire. Se saisissant du désir de Marie, ce professeur a cru bon de faire appel au registre surmoïque, aliénant la jeune fille dans un idéal inatteignable, si bien qu'elle n'a trouvé de solution que dans la fuite.

CÉCILE, *12 ans*, a eu fréquemment l'occasion de consulter des médecins et des « psy » en raison de problèmes familiaux persistants, mais son apparente bonne adaptation, sa gentillesse ont conduit chaque intervenant à se pencher sur les problèmes des autres membres de la famille désignés comme malades, plutôt que sur le caractère si raisonnable de Cécile. Ses capacités d'adaptation invitaient tout un chacun à lui assigner la fonction de tuteur, de référent. Débordée par une tâche qu'elle ne pouvait plus assumer, consciente de son impuissance, elle n'a pu trouver d'appui chez personne.

MARIE-HÉLÈNE a rencontré de nombreux médecins pour une anorexie du nourrisson, puis, au cours de son enfance, pour des symptômes physiques variés. Traitée sur un plan médical au sens strict du terme, c'est-à-dire d'un point de vue somatique, ce qu'elle pouvait vivre, soit son monde psychique, n'a jamais fait l'objet de la moindre inquiétude : elle travaillait bien en classe et s'entendait bien avec ses parents. Ici l'adaptation sociale, familiale et scolaire en ont imposé pour une bonne santé que contredisaient pourtant l'anorexie précoce et les symptômes physiques, véritables signaux d'alarme.

RABAH, *12 ans*, vient d'une famille bien connue des services sociaux et scolaires. Mais les uns et les autres sont préoccupés des conditions matérielles, les services sociaux s'efforçant d'y pallier au jour le jour, parant au plus pressé, et l'école se donnant pour but de garder une attitude tolérante, non interventionniste. Livré à lui-même, Rabah ne rencontre personne qui l'entende et n'a d'autre recours que d'agir son désespoir.

VIRGINIE, *14 ans*, en est à sa troisième tentative. Chaque fois les intervenants, médecins de famille et de l'hôpital ont compris son acte comme un chantage et l'ont renvoyée chez elle, munie simplement de quelques bonnes paroles et de bons conseils.

Cette liste brève, mais caractéristique des jeunes adolescents ou pré-adolescents hospitalisés après une tentative de suicide, souligne le rôle de deux types d'intervenants et de leur échec dans le dépistage, le décryptage ou la prise en compte de signaux d'alarme : l'école et les services sociaux d'une part, les médecins d'autre part. Cet échec, nous l'attribuons aux failles dans la communication entre enfants et adultes. Il n'est pas question, ici, de dénoncer les carences dans la formation médicale qui amèneraient tel ou tel spécialiste à négliger les aspects psychologiques dans les troubles alimentaires du nourrisson, ni de reprocher aux enseignants d'envoyer à un pédopsychiatre tel enfant parce qu'il travaille moins bien, ou à un service social tel cas représentatif des conditions de vie d'immigrés. On pourrait certes examiner ces différentes situations sous ces angles. Cela doit même être fait avec l'attention la plus extrême. Mais il est aussi important d'essayer de comprendre ce qui peut avoir joué pour que médecins, enseignants, travailleurs sociaux et psychologues aient manifesté une ignorance aussi flagrante du monde interne dans lequel se débattait chacun de ces enfants.

En 1910 déjà, Freud avait contribué à une discussion sur le suicide où le rôle de l'école était fortement mis en question [6]. Si l'on ne peut admettre que l'école soit totalement responsable du suicide d'un certain nombre d'adolescents puisque les suicides se rencontrent dans d'autres milieux tels que celui de l'apprentissage, il n'en reste pas moins, disait-il, que l'école peut effectivement agir comme un traumatisme. Mais l'école « doit faire plus que ne pas pousser les jeunes gens au suicide ; elle doit leur procurer le désir de vivre et leur offrir soutien et point d'appui à une époque de leur vie où ils sont contraints, par les conditions de leur développement, de distendre leur relation à la maison parentale et à leur famille. Il me semble incontestable qu'elle ne le fait pas » et, ajoute-t-il, « l'école ne doit pas revendiquer pour son compte l'inexorabilité de la vie, elle ne doit pas vouloir être plus qu'un jeu de vie » (p. 132-131). Freud assigne là à l'école une tâche impossible, mais son point de vue est parfaitement illustré par les deux histoires d'échecs scolaires suivantes : celle de Rabah nous est connue en raison de sa tentative de suicide. Arad nous est familier grâce à son institutrice.

ARAD, 9 ans, est arrivé d'Iran en France depuis trois mois, avec sa mère française, son père iranien, un frère et une sœur plus jeunes que lui. Inscrit à l'école française mixte, il est dans la classe qui correspond à son âge et ses capacités. Mais, alors que l'école en Iran était en français et en iranien, ici les cours ne sont naturellement donnés qu'en français. Au début de l'année il paraît bien s'adapter ; mais, au bout de trois mois, on assiste à une détérioration de ses résultats scolaires, surtout en mathématiques. En orthographe, tantôt il ne fait aucune faute, tantôt il en fait de vingt à trente, écrivant n'importe quoi, n'importe comment : tableau typique de troubles du comportement. Sa grand-mère, une ancienne institutrice, le fait travailler régulièrement, elle avec acharnement et lui dans le plus profond ennui, comme s'il était ailleurs et, malgré ce surcroît d'attention, la situation ne fait qu'empirer. Au cours du mois de novembre, son institutrice et sa mère décident d'échanger leurs observations et réflexions. Grâce à cet échange, cette communication, elles ont réalisé qu'Arad avait, un jour, été traité de bougnoule, façon injurieuse de désigner un Arabe, et que, depuis, il était en butte aux propos racistes de certains de ses camarades. De cela il n'avait jamais pu parler chez lui, restant seul devant injures et sarcasmes. En somme, étranger aux autres, venant d'un pays étranger, il avait subi une réaction d'agressivité et de rejet qui l'avait isolé des autres : aucune communication ne lui était possible, ni à l'école, ni en famille, ni en lui, incapable qu'il était d'élaborer ce conflit si bien qu'il se sentait étranger à lui-même : « Il était absent », disait-on. Est-ce là un diagnostic ? En tout cas, cet échange entre les deux adultes, mère et institutrice, fut le point de départ d'un certain nombre de mesures immédiatement mises en œuvre. L'institutrice mit au programme une discussion sur le racisme qui lui permit de dire devant tous les élèves les raisons de son antiracisme, et pourquoi elle n'accepterait pas que cet état d'esprit continue dans sa classe. Dans le même temps, elle a demandé à Arad de faire un exposé sur l'Iran, son histoire, ses coutumes, donc à travers l'histoire de son pays celle de sa famille et la sienne. De leur côté, ses parents lui ont expliqué ce qu'ils pensaient, eux, être les causes du racisme et combien il pouvait être fier d'être à la fois français et iranien. En trois semaines, les résultats scolaires étaient redevenus normaux et Arad faisait de nouveau partie des autres.

On imagine facilement comment un pédopsychiatre aurait pu, se bornant à l'examen du symptôme, avaliser le retard scolaire, les troubles du comportement et conseiller différentes rééducations, voire l'envoi dans une classe spécialisée, le tout risquant d'être aussi inefficace que les essais de la grand-mère. Une situation chronique d'isolement se serait alors installée, propice à une tentative de suicide comme ce fut le cas pour Rabah.

Le père de RABAH, Algérien travaillant en France, avait fait venir son fils avec lui pour qu'il reçoive une éducation française. Souhaitant que son fils réussisse — encore mieux — l'ascension sociale qu'il avait entreprise, il avait sous-évalué les difficultés liées à la transplantation et omis de prendre en compte le désir de Rabah lui-même. Investi d'un tel espoir, d'une telle fonction, Rabah n'a pu répondre aux sarcasmes et vexations des autres petits Français, et n'a pu que se sentir honteux de son impuissance en face de son père. Ce n'est que pendant son hospitalisation, après sa tentative de suicide, que fils et père ont pu se parler. Le père a compris que, dans son amour, il exigeait de son fils qu'il vive pour lui, le père. Dans le même temps, il a compris que son amour concernait la vie de son fils : au lieu de charger son enfant du sens de sa vie à lui, il a demandé à son enfant de vivre, lui.

Une vaste enquête réalisée près du personnel de différentes écoles *(high school)* s'est donné pour but d'apprécier l'aptitude des professionnels : enseignants, travailleurs sociaux, conseillers d'orientation, médecins, psychologues, responsables d'administration, à détecter des signes de vulnérabilité chez les adolescents, ou des facteurs considérés comme prédisposant aux tentatives de suicide [8]. Tous ces professionnels estiment qu'il est de leur devoir d'évaluer les signes de détresse, d'isolement, de dépression chez leurs élèves. L'accent est mis sur la nécessité de maintenir à tout moment le dialogue, et d'établir des « réseaux », voire des « cellules de crise » où peuvent se débattre les problèmes du moment mais aussi servir de lieu de réflexion pour tous ceux qui pensent de leur responsabilité de rester sensibles aux difficultés des adolescents, en particulier aux difficultés de communication entre adultes et adolescents.

Quelle que soit la fonction de l'adulte qui intervient dans la vie d'un adolescent en dehors de la famille, qu'il soit enseignant, éducateur, médecin, travailleur social, représentant d'une religion ou ami, ce sont les possibilités de parler, écouter, entendre, bref, de communiquer qui vont avoir un rôle déterminant dans la prévention d'un suicide éventuel. Pour être efficace, ce type de communication suppose essentiellement :

1) Que l'adolescent puisse parler. Or parler n'est pas le fait d'une maladie. Parler, écouter ne sont pas enseignés au cours des études médicales, ni même psychologiques. Le sont-ils au cours des études de pédagogie ? Fort peu en France. Pour que l'enfant, ou l'adolescent, puisse parler, il doit sentir que l'adulte s'efforce de le connaître et le reconnaître, lui, tel qu'il est et non tel qu'il le voudrait.

2) Que l'adulte perçoive le monde dans lequel l'adolescent est pris : monde de mots, place qui lui est attribuée, chaîne des références dans lesquelles il vit. Cela suppose que l'adulte acquière la connaissance du réseau symbolique dans lequel l'enfant et sa famille sont plongés. Dans l'histoire d'Arad, l'enfant était aimé de sa famille et de son institutrice, mais, malgré cet amour, il s'est trouvé seul aux prises avec des jugements de valeur, des préjugés et des fantasmes qui ont creusé la faille entre son réseau symbolique particulier et celui de ses camarades. Il ne pouvait être présent dans ce monde-là. Il ne pouvait, comme Rabah, que se retirer dans l'absence. Absence — rejet — dans les deux cas après une transplantation d'un monde culturel dans un autre.

« Communiquer » implique que chacun pénètre dans le monde de l'autre, donc un certain nombre de signifiants communs. Seules, les articulations entre le discours d'un individu et celui de ses ascendants permettent d'entendre, de comprendre à partir de quelle place il parle, donc de quelle place il tente — ou refuse — de communiquer, quitte à passer à l'acte s'il n'est pas entendu. Les positions d'où chacun, quel que soit son âge, peut soutenir un discours sont déterminées par celles de ses ascendants, transmises (ou non) par cette parole spécifique qui le spécifie, lui. Aux adultes-soignants-intervenants, à qui famille et enfant demandent aide, de savoir entendre ce qui spécifie chacun, sans utiliser les barrières qu'un savoir psychologique sur le fonctionnement des êtres tente d'ériger, formant rempart entre les uns et les autres. Si l'adulte-intervenant admet comme essentiels à sa pratique cette connaissance, ce désir de connaître l'autre, alors il tente d'éliminer de son champ d'action tout ce qui est de l'ordre de la banalisation, de l'injonction, de la séduction, de l'enseignement, tout ce qui — même avec les meilleures intentions du monde — implique en réalité un rejet de l'autre. Bienveillance, injonction morale, rassurance sont les formes les plus banales, les plus insidieuses de la méconnaissance. Celle-ci risque fort d'être radicale lorsqu'il s'agit de la mort, celle d'un enfant, d'un adolescent. Pourquoi sommes-nous plus touchés d'une tentative de suicide par un adolescent que par un adulte ? C'est, entre autres, parce que, tout en reconnaissant l'adolescent comme une personne (légalement autonome), nous le pensons surtout comme un être en devenir, porteur de potentiel encore inexploité. Il est champ et lieu de nos projections, investi de nos projets et désirs. Qu'un être jeune, à l'aube de sa vie, dit-on, puisse rejeter globalement notre monde est de l'ordre de l'impensable. Faire face à cet anéantissement délibéré sans en être soi-même anéanti conduit l'adulte à réduire cet adolescent à n'être que le représentant d'une maladie mentale, d'un désordre psycho-affectif grave et, plus encore au tabou même de la mort. Identifié à cette image, à cette construction, à ces mots, à la transgression du tabou, il devient objet d'intervention. Devenu objet, il perd sa véritable identité de sujet.

Ces difficultés de communication ont fait l'objet d'une étude réalisée en 1982 près des pédiatres de deux communautés, celle de Rochester et celle de Syracuse, choisies en raison de la représentativité des taux de suicide par rapport aux statistiques nationales des États-Unis [10]. L'enquête portait sur leurs attitudes devant les symptômes suicidaires, leurs modes de réponse devant la tentative, leur habitude éventuelle ou non de poser, lors de l'anamnèse des adolescents, des questions concernant des idées ou des tentatives de suicide, des signes de dépression, d'isolement. Les réponses ont confirmé le fait que les tentatives de suicide sont souvent précédées de consultations médicales pour motifs variés. Lorsqu'ils posent le diagnostic de risque suicidaire, les pédiatres envoient consulter un psychologue-psychothérapeute. Cet acte qui, pour eux, répond à la conduite à tenir devant un tel diagnostic, équivaut en fait à un rejet, parfois explicite (« ce n'est pas de ma compétence ») ou le plus souvent méconnu, quand il n'est pas nié. Peu de pédiatres s'engagent activement dans la poursuite de la relation qui s'était instaurée à la demande de l'adolescent. Un certain nombre reconnaissent leur incapacité à poser toute question sur ce sujet, ou disent ne le faire qu'en présence d'indices certains... le problème restant entier de la nature de ces indices !

Cette étude nous paraît significative en ce qu'elle explique la difficulté à obtenir des renseignements « objectifs », statistiquement valables sur les tentatives de suicide, difficulté dénoncée en France voici déjà plus de dix ans par Haim [9] lorsqu'il dénonçait le peu d'attention prêtée à la prise en compte d'un phénomène dont l'augmentation est pourtant rapide. Les pédiatres, dans l'ensemble, auraient donc tendance à considérer qu'une menace, une idée, un fantasme ne saurait faire partie de leur questionnement, ne relèverait pas de leur domaine. Il est de fait, par ailleurs, que peu d'adolescents vont consulter un pédiatre — ou tout autre « intervenant » possible — parce qu'ils penseraient de façon périodique, ou obsessive ou impulsive, à commettre cet acte. Mais si ce motif est rarement explicité, d'autres ne manquent pas, en particulier des manifestations ou ennuis corporels divers, que l'on sait bien être en rapport avec un mal-être du sujet. Nous n'aborderons pas ici la question qui doit cependant être posée de l'origine de cette spécialisation : la médecine d'adolescents. Mais on peut raisonnablement la relier à la tendance des médecins (comme de nombre d'adultes) à sous-estimer, chez l'adolescent, la « petite » pathologie telle que la tendance dépressive. En ce sens l'histoire de Vivienne est tristement banale. Pourtant le pédiatre qui, en général, connaît la famille de longue date, depuis la naissance des enfants, n'est-il pas des mieux placés pour repérer et identifier les signes, les indices de « risques » tels que la mésentente du couple, les pertes, séparations, deuils ? N'est-il pas tout à fait à même de dépister le processus d'isolement d'un adolescent, cet isolement qui précède et accompagne l'acte, mais qui va jusqu'à décourager le rapprochement, l'aide éventuelle ? Poser ce diagnostic de dépression que l'on sait être fréquemment associée au passage à l'acte suicidaire est une mesure que le pédiatre est en état et en droit de prendre. Est-ce donc faute de poser ce diagnostic que le pédiatre intervient si peu ? S'agit-il vraiment d'un manque d'information ou d'un défaut dans sa formation ? Que faire, ou comment expliquer cette attitude de la part des intervenants qui sont en première ligne ? Pourquoi une telle réticence pour aborder ces questions avec l'adolescent et sa famille ?

L'enquête dont je viens de vous parler ne répond pas à cette question. Je vous propose de l'aborder à partir de deux études menées à l'Hopital des Enfants Malades de Paris. Selon notre hypothèse, c'est le savoir de chacun sur soi et sa mise à jour dans l'échange avec l'autre qui peuvent le mieux favoriser la relance de l'élan vital. Pour cerner les barrages qui ne manquent pas d'enrayer une telle démarche, nous avons, pendant des années, étudié avec les médecins d'un service de pédiatrie et des pédiatres praticiens la structure de la communication entre eux et leurs patients (enfant et famille), à partir de consultations enregistrées et retranscrites [18, 19]. L'analyse en a été effectuée avec les médecins qui ont bien voulu développer dans la discussion leurs associations d'idées sur différents termes de ces consultations. Ce travail nous a conduits à envisager la communication médecin-malade, soit le *discours*, sous un angle différent de celui communément évoqué à propos de la *relation* médecin-malade.

Rappelons la différence entre discours et dialogue. Le dialogue est événementiel, il repose sur la connaissance de l'unité-individu : autant d'individus que d'émetteurs, autant d'individus que de corps en présence. Le discours, lui, est homogène et se déroule souvent à l'insu des individus qui le parlent. Son sujet, le sujet du discours, ne coïncide généralement pas avec ses énonciateurs. Même contaminé par le discours ambiant, chaque malade vient avec ses signifiants. Le médecin, lui, dans un premier temps au moins, est « frais » par rapport à ce malade, à cette famille, et il écoute avec ce qui fait signe pour sa science. Or tout nous démontre que, malgré lui, il est contaminé par les signifiants du malade, si bien que, dans leur rencontre, se déroule un discours que nous avons appelé « discours unique ». Alors que le médecin est censé ne tenir qu'un discours « scientifique » et pense qu'il procède ainsi, c'est-à-dire en faisant abstraction de ses signifiants et de ceux du malade, en fait il entend le malade en deçà de la maladie, du symptôme. Même s'il se refuse à prendre en compte le poids des signifiants pour la réalité psychique (ce n'est généralement pas une donnée scientifique pour lui), c'est ce fait qui va déterminer la communication et ses avatars. Ce réseau sous-jacent entraîne les interruptions, les heurts, les malentendus, les conflits, les ruptures. Censuré volontairement ou non, il se manifeste dans l'impossibilité d'écouter et d'entendre, dans l'annulation de la parole de l'autre, celui qui vient faire appel.

Les difficultés deviennent majeures lorsque la mort est en question dans la relation médecin-malade. Un certain nombre de médecins ont accepté de participer à une réflexion centrée sur leur pratique et leur expérience personnelle à ce sujet. Il s'agissait soit d'hospitaliers (de l'interne au responsable du service), soit de praticiens exerçant en clientèle privée [17]. Fait remarquable au plan de la structure des récits, trois temps se distinguent dans chacun d'eux : un temps d'accusation, un temps de réparation et un temps de justification se succèdent ou s'enchevêtrent.

L'accusation, parfois consciente, dirigée le plus souvent contre le médecin lui-même (J'aurais dû... je n'ai pas vu... je n'ai pas su... ») est toujours implicite vis-à-vis d'un tiers : un autre médecin, les enseignants, la famille, la société, voire l'adolescent lui-même. Elle semble motivée par un besoin de matérialiser un responsable dans un ordre de choses inacceptable, de trouver un sens, une cause dans ce qui, malgré toutes nos certitudes intellectuelles et nos efforts de rationalisation, reste entaché de culpabilité. Explicite ou non, cette culpabilité reste le dénominateur commun à tous ceux qui, ayant fait partie de la scène, du cadre dans lequel vivait l'adolescent, sont, qu'ils le reconnaissent ou non, concernés.

Dans un deuxième temps, le médecin se donne pour fonction la réparation. Que la faute ait été commise avant, ou ailleurs, ou par d'autres, ou qu'elle soit de son propre chef, la réparation a comme enjeu le corps de l'enfant, sa vie. Le questionnement sur la valeur subjective de cette vie s'efface devant l'impératif de la réanimation physique. La « réparation » portant sur la qualité de cette vie est remise à un autre temps, un autre lieu, en d'autres mains. Une remarque s'impose ici : même si l'on sait, au moins par expérience, l'attachement qui se crée entre le réanimateur et le ranimé, entre la première personne qui écoute et celui qui tente à nouveau de parler, l'habitude n'en reste pas moins, dans nombre de services, d'envoyer l'adolescent parler ailleurs, de nouveau chez le spécialiste. Nouvelle séparation, nouveau rejet, nouvel isolement dont il est manifeste qu'il laisse des traces chez le médecin, comme le manifeste le troisième temps, celui de la justification. Ce temps n'est pas à prendre au sens chronologique, comme une reprise et une conclusion, mais comme manifestation de l'interférence dans le récit conscient de ce qui tente de se dire sans pouvoir être reconnu : l'impossible réalité de la mort et la recherche de cette réalité par un enfant, un adolescent. A cette réalité le médecin tente d'opposer celle de son savoir, et cherche à y trouver des repères, une référence. Les effets de cette quête sont particulièrement évidents lorsqu'on suit l'évolution du médecin dans sa formation et sa carrière. Schématiquement, l'étudiant qui n'est pas encore engagé dans le système semble particulièrement sensible aux problèmes et questions des patients, et, cela va de soi, surtout chez ceux de sa génération, ou plus jeunes. Au fur et à mesure de l'acquisition du bagage scientifique et de l'intégration dans la hiérarchie des décisions, des responsabilités, cette sensibilité paraît quasiment bâillonnée. Seule opère, tel le référent ou le garant de la bonne attitude, de la bonne réponse, l'addition science + technique + expérience. Par contre, l'accession au faîte de la hiérarchie, avec ce qu'elle suppose de compétence et d'expérience, replace le médecin en position d'ignorance par rapport aux questions fondamentales de la vie et de la mort. Plutôt que « position d'ignorance », je dirai « acceptation de cette ignorance ». Ce chemin qui mène au désengagement de la position de puissance-impuissance dans laquelle il est exclu d'entendre l'autre étant quelque peu balisé, alors, la sensibilité personnelle est de nouveau mise à nu et l'ouverture à l'autre redevient possible.

Que la mort soit imaginée, pensée, espérée, redoutée, qu'elle puisse faire partie du monde psychique d'un enfant, d'un adolescent, fait écho et ranime bien souvent des expériences personnelles. C'est un fait rapporté par la plupart de nos interlocuteurs. Lorsque ces expériences personnelles n'ont pas été élaborées, différents mécanismes de défense sont mobilisés. La projection de la dimension subjective peut être telle que toute remise en cause du sujet médecin s'avère impossible. Il ne peut alors qu'appliquer, de façon systématique, des conduites stéréotypées enrobées de conseils, de prises en charge de nature autoritaire ou infantilisante qui peuvent s'avérer bénéfiques un temps, mais peuvent tout aussi bien provoquer la fuite. Il n'y a pas lieu ici de juger des mécanismes de défense si stéréotypés, si blindés puissent-ils apparaître au regard de ceux qui sont hors situation ou qui interviennent après coup. Mais l'assimilation qui se produit chez certains de la problématique de l'adolescent à la leur risque d'être source de malentendu radical, en particulier lorsque seule entre en jeu l'empathie narcissique. L'adolescent qui tente de s'exprimer n'a alors aucun retour structurant de son message qui a été capté comme en un miroir, figé dans une relation fusionnelle. A l'inverse, dénier à l'adolescent la possibilité d'aborder une telle problématique, la sienne, amène l'intervenant, en particulier le soignant, à se laisser engluer dans cette part de réalité matérielle qui littéralement escamote la réalité psychique et à laisser l'adolescent dans le vide qu'est l'absence ou la rupture de communication avec l'autre. L'interprétation projective des idées, des actes, des buts et des désirs de l'adolescent par l'adulte qui oublie ou fuit son passé s'avère alors fonctionner comme un barrage, tant vis-à-vis de l'adolescent présent que vis-à-vis de la levée du refoulement susceptible d'être provoquée chez tout adulte par tout adolescent. Il est certes plus habituel de parler de l'amnésie infantile qui recouvre nos premières années, nos découvertes, nos expériences, nos théories sexuelles d'alors, mais le refoulement à l'œuvre pour recouvrir cette période de l'adolescence est tout aussi flagrant : il n'est que de voir les réactions contre-transférentielles des intervenants pour en apppécier l'impact — étant bien entendu que nous désignons par contre-transfert tout ce qui est mobilisé chez un sujet par un autre sujet, aussi bien amour que haine, envie que gratitude, demande que désir.

Le groupe social désigne la mort comme le pire des maux. A subsumer dans « la mort » l'ensemble des maux, on les annule dans leur ensemble. Mais chacun de nous, pris individuellement, reconnaît qu'il existe, au moins pour lui, autre chose de pire encore ; l'infirmité, l'exclusion, la solitude, l'exil, la folie, bref, tout ce qui est perte d'intégrité physique ou mentale, perte d'estime ou d'amour. « N'être plus entier », « N'être plus aimé » : entre les deux s'étend le champ des blessures narcissiques devant lesquelles la mort peut être souhaitée comme douce. A toute blessure narcissique grave elle peut être préférée. Tel est le témoignage de Vivienne.

Je n'ai jamais rencontré d'enfants heureux de mourir, mais j'en ai rencontré qui souhaitaient la mort, la vie ne leur étant plus supportable soit à cause de la douleur physique, soit à cause d'une certaine solitude [16]. Ce désir d'en finir existe chez des enfants qui souffrent, mais la confiance en l'amour de l'autre, la certitude d'être aimé, de manquer une fois qu'ils ne seront plus là, les soutient contre le désir de mourir. Il peut très bien se faire que, dans une famille, tel enfant soit vécu comme déjà mort, ou appelé par la mort. Que les parents subissent, pour telle ou telle raison, un deuil anticipé. Que tel enfant n'ait pas été inscrit dans un avenir qui lui soit propre ou un avenir propre à la lignée familiale, un avenir d'être humain. Alors cet enfant-

117

là peut être en accord avec sa mort à venir. Par ailleurs, un enfant rejeté, non reconnu, peut bien, lui aussi, ne plus vouloir vivre et souhaiter mourir. Tel est le cas de nombre de jeunes enfants pour qui tout essai d'évaluation statistique du taux de suicide est impossible puisque ce passage à l'acte passe bien souvent pour un « accident ».

Pourquoi tant d'adolescents tentent-ils de se suicider ? Tel a été le thème de ces journées. Personnellement, j'insisterai sur un point : dire que l'enfant, l'adolescent ne sait pas ce qu'il fait car il ne sait pas ce qu'est la mort, ou qu'il ne peut authentiquement la désirer représente une fuite, un évitement de la question posée par cet adolescent. Certaines tentatives peuvent se présenter comme un appel dont le sujet espère qu'il sera suffisamment entendu pour qu'un retour à la vie soit possible — si possible une vie autre. Lorsque personne n'est là pour entendre, pour écouter, alors le suicide se réalise : n'est-ce pas ainsi que des nourrissons abandonnés ou hospitalisés, bien soignés physiquement mais privés de tout contact humain, se laissent mourir [1] ? Vivre en tant que corps, sans autre nourriture, ne les intéresse pas. Cela ne suffit pas à l'être humain.

> « *Un monde déserté par l'amour*
> *ne peut que s'engloutir dans la mort* »
> Gabriel MARCEL

RÉFÉRENCES BIBLIOGRAPHIQUES

[1] AUBRY Jenny, *La carence de soins maternels*, Centre International de l'Enfance, Paris, Presses Universitaires de France, 1955. Nouvelle édition : *Enfance abandonnée*, Paris, Scarabée et Cie, 1983.

[2] BOUTHOUL Gaston, *Essais de polémologie*, Paris, Denoël, 1976, coll. « Médiations », 208 p.

[3] BOWLBY John, *Soins maternels et santé mentale*, Genève, Organisation Mondiale de la Santé, 1954, 208 p.

[4] FREUD Anna, BURLINGHAM D., *War and children*, New York, International Universities Press, 1944, 191 p.

[5] FREUD Anna, *Infants without families*, New York, International Universities Press, 1947, 128 p. Trad. française : *Enfants sans famille*, Paris, Presses Universitaires de France, 1949, 128 p.

[6] FREUD Sigmund, « Contributions to a discussion on suicide », *S.E.*, XI, p. 231-232. Trad. française : « Pour introduire la discussion sur le

suicide » in *Résultats, idées, problèmes*, I, *1890-1920*, Paris, Presses Universitaires de France, 1984, p. 131-132.

[7] FREUD Sigmund, « Mourning and melancholia », *S.E.*, XIV. Trad. française : « Deuil et mélancolie », in *Métapsychologie*, Paris, Gallimard, 1983, p. 147-174.

[8] GROB Mollie C., KLEIN Arthur A., EISEN Susan V., « The role of the high school professional in identifying and managing adolescent suicidal behavior », *Journal of Youth and Adolescence*, 12, 1983, p. 163-173.

[9] HAIM A., *Les suicides d'adolescents*, Paris, Payot, 1970.

[10] HODGMAN C.H., ROBERTS M.D., « Adolescent suicide and the pediatrician », *The Journal of Pediatrics*, 101 (1), 1982, p. 118-123.

[11] KLEIN Mélanie, « Contribution à l'étude de la psychogenèse des états maniaco-dépressifs » (1934) in *Essais de psychanalyse*, Paris, Payot, 1980.

[12] LADAME Francois, *Les tentatives de suicide des adolescents*, Paris, Masson, 1981, 98 p.

[13] MACK John E., HICKLER Holly, *Vivienne. The life and suicide of an adolescent girl*, Boston, Toronto, Little, Brown and Company, 1981.

[14] RADO Sandor, « The problem of melancholia », *International Journal of Psycho-analysis*, 1928, IX.

[15] RAIMBAULT Ginette, « Tissu relationnel et développement psychique » in *Monaco 4 : Naissance du cerveau*, Paris, Nestlé-Guigoz, 1982, p. 143-147.

[16] RAIMBAULT Ginette, *L'enfant et la mort*, Toulouse, Privat, 1973, 220 p.

[17] RAIMBAULT Ginette, FRIEDMAN L., « Lethal illness in pediatric practice : a study of the doctor's discourse », *Arch. Found Thanatology*, 2, 1970, p. 64-65.

[18] RAIMBAULT Ginette, ZYGOURIS Radmila, *Corps de souffrance, corps de savoir*, Lausanne, L'Age d'Homme, 1976, 203 p.

[19] RAIMBAULT Ginette, CACHIN Olga, LIMAL J.M., ELIACHEFF Caroline, RAPPAPORT, Raphaël, « Aspects of communication between patients and doctors : an analysis of the discourse in medical interviews », *Pediatrics*, 55, 1975, p. 401-405.

[20] SPITZ R.A., COBLINER W.G., *The first year of life*, New york, International Universities Press, 1965. Trad. française : *De la naissance à la parole*, Paris, Presses Universitaires de France, 1968.

[21] SPITZ R.A., « Hospitalism : an inquiry into the genesis of psychiatric conditions in early childhood », *The Psychoanalytic Study of the Child*, 1, 1945, p. 53-74. Trad. française : « Hospitalisme : une enquête sur la genèse des états psychopathologiques de la première enfance », *Revue française de psychanalyse*, 13, 1949, p. 397-425.

6. LA PRÉVENTION DES TENTATIVES DE SUICIDE DES ADOLESCENTS

Huguette CAGLAR

> « *Toi, Papa tu étais un grand ; moi je suis un petit. Prions pour les petits de ce monde parce que leur cri de douleur n'atteint pas les oreilles des grands qui sont trop hauts.* »

> *MICHEL*, suicidé à 23 ans [20]

Pour les obsèques de leur père décédé accidentellement, Michel, son frère aîné, et sa sœur décidèrent d'écrire, individuellement, une prière qu'ils réciteraient lors de la cérémonie.

Le jour de l'enterrement, personne ne porta une attention particulière à la prière de Michel. Personne ne perçut sa profonde détresse et son « cri de douleur », pourtant clairement exprimé, ne reçut aucun écho.

Un an plus tard, le sens profond et désespéré de cette prière apparut brusquement au frère aîné de Michel lorsqu'il le découvrit, pendu dans le hangar à bateaux attenant à leur maison. Durant les trois heures qui s'écoulèrent entre cette tragique découverte et le départ du corps de Michel pour la morgue, les questions ne cessèrent d'affluer, oppressantes, lancinantes. Pourquoi ce geste ? Michel semblait plus gai, plus détendu ces derniers temps...

Pourquoi ce jour ? Alors que frères et sœur se réjouissaient de se retrouver au restaurant, ce soir-là, précisément. Pourquoi n'avaient-ils pas perçu la détresse de leur frère ? Avait-il essayé de leur communiquer son malaise ou son intention de se suicider ? Qu'auraient-ils pu voir, entendre ou faire pour comprendre le désespoir de Michel et éviter son suicide ? Quels spécialistes ou organismes auraient pu les informer, les guider ?

C'est à ces questions que nous tenterons de répondre en nous appuyant sur la littérature spécialisée consacrée aux tentatives de suicide des adolescents d'une part, sur les résultats d'une enquête que nous avons menée auprès de 200 adolescents, d'autre part.

Dans la première partie intitulée « L'adolescent suicidaire et les intervenants », nous essaierons de comprendre pourquoi les adultes, personnes significatives pour l'adolescent, soit en raison des liens qui les unissent à lui, soit par leurs fonctions, se révèlent souvent dans la réalité incapables de déceler les signes de détresse du jeune ou de lui offrir un soutien de qualité. Nous nous adresserons ensuite directement à 200 collégiens (suicidants, avec et sans problématique suicidaire) pour apprendre vers quels intervenants ces jeunes orienteraient leur camarade lors d'une crise suicidaire.

Dans la seconde partie « L'adolescent suicidaire et ses pairs », nous procéderons à une étude comparative des réactions émotionnelles de ces trois groupes d'adolescents et des attitudes de soutien qu'ils mettraient en jeu, face à une demande d'aide d'un camarade en proie à des idées suicidaires.

Enfin, nous examinerons, à la lumière de ces résultats, quels remaniements pourraient ou devraient être apportés aux programmes de prévention par les pairs en milieu scolaire.

L'ADOLESCENT SUICIDAIRE ET LES INTERVENANTS

L'adolescent suicidaire, sa famille, le psychiatre et l'enseignant

Devant l'augmentation alarmante du nombre de tentatives de suicide chez les adolescents et l'urgente nécessité d'implanter des programmes de prévention, une question s'impose d'emblée : Qui peut empêcher l'adolescent de se suicider ?

Face à cette question, nous sommes enclins à nous tourner tout d'abord, et tout naturellement, vers le premier milieu significatif de l'adolescent : sa famille. Mais les résultats des récentes recherches menées, tant en Europe qu'en Amérique du Nord, sur la structure du milieu familial des jeunes suicidaires laissent rapidement deviner que la réponse n'est ni aussi simple, ni aussi satisfaisante que l'on pourrait ou voudrait le croire, et cela pour plusieurs raisons.

Selon les spécialistes en santé mentale, le risque d'attenter à sa vie serait beaucoup plus grand chez les adolescents dont les parents sont séparés. La probabilité d'être suicidaire (idéation ou suicide) serait 77 % plus élevée chez les jeunes venant de familles éclatées que chez ceux issus de familles intactes [4]. Dans la recherche de C. Tishler, P. McKenry et K. Morgan [36], la moitié des adolescents ayant fait une tentative de suicide ont des parents séparés ou divorcés. Dans celle de K. Adams *et al.* [1] portant sur 98 adolescents hospitalisés pour tentative de suicide et 102 jeunes également hospitalisés, mais sans problématique suicidaire, les adolescents dont les parents sont divorcés sont trois fois plus nombreux dans le premier groupe (25 %) que dans le second (8 %). Pour ce groupe de suicidaires, la séparation a été vécue durant la période allant de la naissance à 5 ans, mais cette phase critique peut s'étaler jusqu'à 12 ans [33]. M. Ross, J. Clayer et R. Campbell [28] soutiennent l'existence d'un lien entre l'éclatement de la cellule familiale et l'existence d'idéations suicidaires. Examinant un groupe hétérogène de 300 sujets, ils relèvent une proportion plus élevée de parents séparés ou décédés chez les adolescents présentant des idées de suicide ou des souhaits de mort : 18 % contre 7 %.

Dès 1967 déjà, les auteurs insistent sur l'importance déterminante du climat familial. Plus que la séparation, c'est surtout l'atmosphère qui règne dans la famille, avant ou après cette séparation, qui peut constituer un facteur de vulnérabilité pour l'adolescent [2, 17, 29, 31, 33, 36].

Ainsi, dans l'étude de K. Adams déjà citée, 38 % des jeunes suicidaires vivaient dans une famille chaotique (privation de soins parentaux doublée de carences matérielles et affectives) ; 6 % seulement des sujets du groupe témoin. De plus, 8 % des suicidaires vivaient une stabilité familiale à long terme contre 60 % des sujets du groupe contrôle.

K. Adams a également procédé à une comparaison entre suicidaires et non-suicidaires issus, cette fois, de familles séparées. Pour la période précédant la séparation : 4 % seulement des jeunes suicidaires jouissaient d'un climat familial stable et 45 % d'un climat familial chaotique. La situation des jeunes du groupe témoin est bien différente, puisque 46 % vivaient dans un climat familial stable et 21 % dans un climat familial chaotique. Quant à la période suivant la séparation, elle est généralement marquée d'une détérioration du climat familial qui apparaît semblable dans les deux groupes. Par contre, pour la période à long terme, si le climat familial des suicidaires reste problématique (4 % de stabilité, 55 % de climat chaotique), celui des non-suicidaires montre une très nette amélioration retrouvant, ou dépassant même, la qualité antérieure à la séparation (58 % de stabilité, 8 % seulement de climat chaotique). Si cette recherche montre bien que l'atmosphère qui règne chez les familles intactes des adolescents suicidaires est nettement meilleure que celle qui caractérise les familles éclatées des jeunes suicidaires (4 % de stabilité, 66 % de climat chaotique contre 14 % de stabilité et 21 % de climat chaotique), elle révèle aussi que ce climat est néanmoins de qualité nettement inférieure à celle du climat des familles *séparées* des jeunes non-suicidaires, puisque nous retrouvons dans ces familles 60 % de stabilité et 5 % de climat chaotique.

Trois études de cas, brièvement exposées, illustreront ces différentes qualités de climat familial.

MARCELINE, *16 ans, non-suicidaire*. Famille reconstituée. L'adolescente avait 11 ans lorsque ses parents se sont séparés. Actuellement, elle vit avec sa mère, son frère cadet (12 ans), son beau-père et son demi-frère âgé de 3 ans. Malgré des sentiments de rivalité fraternelle à l'égard de ce dernier, Marceline semble heureuse dans sa nouvelle famille. Elle et son frère revoient régulièrement leur père biologique, remarié lui aussi depuis deux ans. Cependant Marceline et son frère se plaignent parfois que leur père d'origine, s'il ne refuse jamais de les voir, ne soit pas toujours le premier à les appeler. Marceline pense surtout que sa belle-mère ne désire pas recevoir chez elle les enfants du premier mariage de son mari, et elle en éprouve quelque ressentiment. La mère et le beau-père de Marceline, compréhensifs, tentent d'expliquer à l'adolescente ce que représente cette situation pour la jeune femme.

YVES *17 ans, suicidant.* Famille éclatée. Yves se drogue depuis l'âge de 12 ans. C'est à cette période que l'ami de sa mère vient vivre avec eux. Cet ami, aux crises éthyliques violentes, est immédiatement ressenti par Yves comme un intrus venant troubler la relation privilégiée qu'Yves vivait avec sa mère depuis le départ de son père (également alcoolique), il y a maintenant quatre ans. Enceinte, la mère d'Yves se voit abandonnée une seconde fois. La naissance d'un jeune frère, l'obligation pour la mère de travailler à l'extérieur alourdissent l'atmosphère familiale et suscitent de nombreuses disputes. Depuis un an, la mère vit avec un nouveau concubin qui a décidé de « prendre l'éducation d'Yves en main et de lui faire prendre goût au travail ». Yves fugue de plus en plus souvent et est passé à la consommation de drogues dures. En trois mois, Yves a fait deux importantes overdoses, la dernière ayant entraîné un état comateux de 24 heures et nécessité une hospitalisation. Le concubin de la mère (qui est aussi son employeur) vient de quitter le foyer déclarant qu'il « préfère sa bière à cette gang de fous ».

JULIE *19 ans, suicidante.* Famille intacte. Julie est la dernière d'une fratrie de deux. Son frère aîné, 23 ans, se drogue depuis l'âge de 17 ans. Julie éprouve une grande admiration à son égard. Elle l'idéalise et le juge supérieurement intelligent. La mère apparaît assez déprimée et le père, périphérique, absorbé tard dans la soirée et souvent en fin de semaine par ses activités professionnelles. La communication semble pauvre à l'intérieur de la famille et la mère utilise souvent Julie pour exprimer des plaintes qu'elle ne peut formuler directement à son conjoint. Julie par deux fois a tenté de se suicider : par veinosection à 18 ans et, récemment, par voie médicamenteuse dans un lieu isolé et non familier, indices de la gravité du geste suicidaire.

Les conclusions des études plus cliniques rejoignent celles des recherches précédemment citées et les affirment. La fréquence des querelles menant à une désorganisation affective [14], de batailles se déroulant dans un climat de méfiance alourdi par l'amertume et le ressentiment des adolescents à l'égard de parents incapables de leur procurer la sécurité et la sérénité dont ils ont tant besoin, est souvent mentionnée. Plusieurs auteurs mettent l'accent sur l'indifférence des parents vis-à-vis des problèmes de leur enfant, indifférence pouvant aller jusqu'au déni.

ANNIE *20 ans*, poursuit des études universitaires. Elle a fait trois tentatives de suicide par voie médicamenteuse, toujours dans des endroits familiers. La seconde fois, elle a appelé une amie à son secours ; la troisième fois, elle a laissé des repères. Cette dernière tentative a nécessité une hospitalisation à cause d'un état subcomateux passager. La plainte d'Annie est essentiellement fondée sur l'incapacité de ses parents à entendre, et à partager l'anxiété qui la submerge.

« A quinze ans, j'ai fait ma première tentative, mais pour donner une piste. C'était pas pour m'enlever la vie tout de suite, mais pour dire : ''Écoutez, il y a quelque chose qui marche pas''. Les parents devraient être attentifs à ce que l'adolescent fait ou fait pas. Moi, j'aimais pas l'école, j'aimais pas la ville, j'aimais personne. Je n'avais aucune relation avec mon père, ma mère, mon frère. Faut que les parents soient sensibles à ça... J'ai dit, si je meurs ça ne me dérange pas. Mais, si ça fonctionne pas... je laissais un peu une porte... C'est drôle, on n'a jamais reparlé de ça avec mes parents... C'est ça, ils ne m'ont pas dit quoi que ce soit sur le geste, jamais ils ne m'ont reparlé de ça. (Long silence). Je trouve que c'était difficile parce que j'étais sûre que mes parents ne comprenaient pas ce que je ressentais. Et puis, j'ai l'impression qu'ils ne comprennent pas encore... vraiment. Oui, c'est ça, qu'ils ne le comprennent pas encore vraiment... Il y a un mois, j'y ai encore pensé... une période creuse. Moi, j'ai remarqué que je disais à mes parents : ''Je suis débordée de travaux, j'ai plein de travaux.'' Maman me disait : ''prends un jour à la fois, et puis, c'est tout. Tu vas arriver à la fin.'' Mais ça me choque de voir qu'ils ne comprennent pas... C'est ça qui fait que... t'as besoin d'avoir quelqu'un, et puis tu l'as pas. Je pense que c'est la solitude qui que... Je me dis : si c'est la vie, si j'ai ce sentiment-là toute ma vie... »

D'autres cliniciens insistent sur l'ambivalence parentale [11, 16, 35] ou le rejet de l'adolescent par les parents [26, 27]. Très souvent, les souhaits de mort sont explicitement exprimés par la famille à l'adolescent [29, 38]. Ces souhaits apparaissent avec une clarté dramatique à travers les propos tenus par certains parents dans les moments qui suivent la tentative de suicide de l'adolescent. La littérature consacrée aux conduites suicidaires juvéniles en donne de nombreux exemples. « La prochaine fois saute d'un pont plus élevé ! » lance une mère à son fils de 24 ans, hospitalisé à la suite d'une tentative de suicide par précipitation. Et une autre après le geste suicidaire de sa fille par voie médicamenteuse crie : « La prochaine fois, prends toute la boîte. » Dans d'autres cas, le message suicidogène est adressé de façon plus subtile, plus insidieuse, mais son effet n'en est pas moins mortifère.

LUC, *11 ans*, présente, selon sa mère, un comportement suicidaire qui nécessiterait une prise en charge urgente. Invitée à décrire ce comportement de façon plus précise, elle nous dit : « Parfois, quand nous nous chicanons, dans son instinct destructeur, il me crie : ''Tue-moi, tue-moi donc''. (*Silence*). Vous savez, il a pleuré en arrivant sur terre... Comme s'il pleurait d'être arrivé sur terre. (*Court silence*), d'être venu au monde... Chez Luc, c'est toujours comme s'il y avait quelque chose de mort et quelque chose de vie, pris ensemble, qui sont collés... »

Enfin, certains enfants ou adolescents suicidaires sont victimes de circonstances événementielles. C'est le cas, assez fréquent, du décès d'un enfant dont les parents ne parviennent pas à assumer le deuil. L'enfant ou l'adolescent qui reste se vit alors comme exclu de la relation privilégiée que les parents maintiennent avec le disparu, désireux de capter l'affection parentale mais se sentant peu digne de l'obtenir. Bientôt le sujet en vient à penser : « Il me faut être mort, moi aussi, pour recevoir l'affection de mes parents. »

> ANTOINE, *11 ans*, a exprimé à plusieurs reprises son désir de mourir. A l'école, il reste isolé et ses résultats scolaires sont médiocres. Antoine avait un frère cadet, Benoît, atteint d'une maladie cardiaque. Seul le père savait Benoît condamné. Les parents avaient délégué à Antoine le rôle de grand frère protecteur. Lors d'une rare absence des parents, Benoît est décédé brusquement, tandis que les deux garçons jouaient. Les pompiers, le médecin alertés par Antoine ne purent que constater le décès. Depuis, la mère, inconsolable, ne cesse d'évoquer la gentillesse, l'intelligence de Benoît. « Ils étaient inséparables. Benoît était la tête, Antoine les jambes... La vie à la maison est partie avec celle de Benoît. » Dans ces conditions, Antoine peut-il se sentir le droit d'exister ?

Par ailleurs, les parents des jeunes suicidaires présentent très fréquemment des problèmes de comportement, des perturbations psycho-affectives. Dans l'étude de J. Teicher [35], 16 % des adolescents suicidaires ont un parent alcoolique, et 50 % viennent de famille où l'un des membres est en butte à une problématique suicidaire. Dans celle de C. Tishler [36], 18 % des adolescents suicidaires rapportent qu'au moins un des deux parents est alcoolique, et 22 % signalent qu'un membre de leur famille a également présenté un comportement suicidaire. La recherche de B. Garfinkel *et al.* [13], portant sur 500 adolescents suicidaires hospitalisés et un groupe témoin, met en évidence la fréquence de la maladie mentale relevée dans 50 % des familles du groupe des suicidaires et dans 16 % des familles du groupe témoin. J. Snakkers, F. Ladame et D. Nardini [32] insistent, quant à eux, sur la défaillance du parent du même sexe. Défaillance qui ne peut être compensée par le parent de l'autre sexe, lui-même défaillant. Il en résulte, remarquent les auteurs, une incapacité des parents à

« contenir » les difficultés des adolescents, mais surtout une incapacité à répondre de façon adéquate aux menaces de suicide de leur enfant. Dans l'étude citée, 32 % des adolescents avaient explicitement exprimé à leurs parents leur intention de se tuer. Sur ces treize adolescents, douze reçurent des réponses inadéquates : non-reconnaissance du désespoir sous-jacent, banalisation de la situation ou rupture brutale du dialogue amorcé par l'adolescent. Dans l'étude de Davidson et Choquet[1] portant sur les réactions de la famille après la tentative de suicide de l'adolescent, les auteurs relèvent que la moitié des familles a exprimé des regrets ou une intention de comprendre. Plus du quart se sont montrées agressives, indifférentes ou ont rejeté toute responsabilité.

En conclusion, confrontés à des problèmes personnels, principalement d'alcoolisme et de dépression, enfermés dans un climat familial de mauvaise qualité, incapables de remettre en cause la dynamique et l'économie familiales, les parents, après la tentative de suicide de l'adolescent, vont avoir tendance à chercher la solution à leurs problèmes à l'extérieur de la famille, enfermant l'adolescent dans le rôle de patient désigné, porteur du symptôme familial. Snakers *et al.* s'interrogent avec raison sur le décalage relevé dans les résultats de leur recherche entre le nombre de fois [32] où l'adolescent reconnaît avoir visé un membre de sa famille par sa tentative de suicide et le nombre de fois [5] où la famille propose un remaniement familial interne.

Parmi les solutions généralement envisagées : changement d'école, placement dans un institut spécialisé, séparation momentanée d'avec la famille, le recours aux spécialistes (principalement au psychiatre) est privilégié. Cette personne-ressource est d'ailleurs celle que recommande aussi habituellement l'entourage scolaire ou social lorsqu'un jeune a tenté de se suicider. Or, nous le savons, l'adolescent consulte très rarement de lui-même, avec beaucoup de réticence quand les adultes jugent cette consultation nécessaire. M. Laufer [19] donne en exemple le Centre pour adolescents de Londres qui offre des services gratuits, une équipe de dix-neuf psychanalystes prêts à recevoir les jeunes, sans rendez-vous, et à entreprendre une psychothérapie si elle s'avère nécessaire. Néanmoins, les jeunes de 14-15 ans ne consultent jamais à ce Centre parce que, selon M. Laufer, ni eux, ni leur famille ne perçoivent encore les signes manifestés par les adolescents comme relevant de la psychopathologie. La réticence des adolescents à consulter un psychiatre tiendrait aussi à la perception que les jeunes ont de ce spécialiste. Comparé à des aidants n'ayant pas ce statut, les collégiens perçoivent le psychiatre comme un être froid, dominateur, rejetant [34]. Per-

---

1. *Le suicide de l'adolescent*, 2e éd., Paris, ESF, 1982.

ception qui risque fort de devenir obstacle à une démarche pour une demande d'aide ou à l'établissement d'une alliance thérapeutique, d'autant plus que la première relation que tout adolescent établit avec un « psy » est déjà problématique en raison du transfert dans cette relation de sa vision négative du monde adulte [8]. De plus, les réactions contre-transférentielles du psychiatre face à l'adolescent suicidaire risquent d'accentuer cette image de personnage froid et dominateur qui habite les jeunes [25]. L'observation de résidents en deuxième année de psychiatrie œuvrant dans une salle d'urgence recevant des jeunes de 16 ans et plus ayant accompli une tentative de suicide ou un geste suicidaire dans les trois jours précédant leur admission, révèle que ces praticiens ont tendance à se montrer moins anxieux, plus chaleureux envers les patients qui présentent le plus bas nombre de tentatives de suicide ou de gestes suicidaires antérieurs. Quand l'intention suicidaire est évaluée comme pouvant être létale et le risque de passage à l'acte élevé, les résidents deviennent alors plus agressifs et plus anxieux. Cette anxiété augmente avec le degré de psychopathologie présentée par le jeune et l'agressivité s'accentue tout particulièrement quand le sujet présente des idées paranoïaques ou des désordres de la pensée accentués. De façon générale, ces résidents manifestent plus d'anxiété et d'irritabilité vis-à-vis des sujets admis sur une base non volontaire et deviennent plus chaleureux envers le patient qui entre dans le service de son propre gré. Les auteurs de cette recherche relèvent avec raison que ces résultats reflètent les attitudes des résidents à l'égard de n'importe quel patient qui consulte tôt le matin ou tard dans l'après-midi, plutôt que des sentiments spécifiquement ressentis face à l'adolescent suicidaire. Il n'y a, ajoutent-ils, rien de surprenant au fait que les résidents, après avoir travaillé durant seize ou dix-huit heures, puissent ressentir quelque ressentiment ou anxiété si le cas qui se présente est complexe ou difficile. Cependant, ces mêmes auteurs soulignent la convergence de leurs résultats avec ceux d'autres recherches qui rapportent également des attitudes négatives des psychiatres envers les suicidants ou les suicidaires [27] ou des sentiments de colère [21] et d'anxiété chez les thérapeutes [23]. Tout en reconnaissant que les sentiments des résidents peuvent avoir été suscités par leur relative inexpérience, la charge émotionnelle qui caractérise la salle d'urgence, le patient suicidaire lui-même qui, à son admission, est souvent anxieux, confus et irritable, les auteurs concluent au poids prépondérant des attitudes contre-transférentielles des psychiatres qu'ils mettent, à l'instar d'autres auteurs, et comme nous le verrons ultérieurement, en relation étroite avec le type et la qualité de la prise de décision clinique.

Alors, faut-il se tourner vers l'enseignant ?

A première vue, il semblerait que la formation de base de l'enseignant, la durée du temps passé quotidiennement avec l'adolescent, la
nature des activités partagées, la multitude des situations vécues (activités intellectuelles et physiques, relations avec les pairs...) fassent de
l'enseignant un des aidants privilégiés. En effet, le champ scolaire peut
être le lieu d'expression de nombreux indices de l'état présuicidaire
qu'il est important de pouvoir repérer à temps pour intervenir et aider
le jeune en détresse avant que l'acte irrémédiable ne soit commis.

Le diagnostic de la dépression, caractéristique reconnue fondamentale de la problématique suicidaire, relève certes du spécialiste en santé
mentale. Cependant, il se trouve qu'un des premiers signes de cette
dépression — l'incapacité de l'adolescent à se concentrer sur ses études
— se déroule justement dans le champ scolaire faisant de l'enseignant
un des premiers membres de l'entourage à être alerté de la détresse du
jeune et, par conséquent, en mesure d'intervenir. De plus, la constatation de la persistance de la chute des performances scolaires n'est pas le
seul indice alarmant que l'enseignant puisse cerner. Ainsi, il sera en
mesure de relever :

— la détérioration généralisée des relations avec les environnements
significatifs : la famille, les pairs ;

— les modifications brusques du comportement : passage rapide de
la gaieté à la morosité ou à la tristesse, du dynamisme à une franche
passivité ;

— l'émergence de comportements de révolte, d'irritabilité,
d'impulsivité, d'hypersensibilité ou de retrait, habituellement présents
dans la phase présuicidaire.

Par ailleurs, les contacts réguliers que l'enseignant entretient avec
les familles, ses relations quotidiennes avec le groupe des pairs lui permettent de recueillir d'autres indices non directement observables dans
le champ scolaire : difficultés ou rupture de communication avec les
personnages significatifs, consommation abusive d'alcool ou de drogues, conversations principalement axées sur les thèmes de suicide, de
mort, intérêt subit et marqué pour les armes à feu, les médicaments.

Enfin, la qualité des relation que les élèves établissent habituellement avec leur professeur, figure adulte familière et bienveillante,
devrait lui permettre de jouer le rôle si important d'intermédiaire de

relais. S'il est admis généralement que l'adolescent suicidaire confie plus facilement son angoisse, son intolérable mal-être, ses idées de mort, voire la description de son projet de suicide à des camarades, rien ne dit que ces derniers soient toujours en mesure de l'entendre, *a fortiori* de l'aider. Certains jeunes peuvent être troublés, parfois angoissés, par ces confidences ou ces appels à l'aide et c'est, tout naturellement, qu'ils pourront se tourner vers leur professeur pour leur confier leur désarroi et demander, à leur tour, quelque soutien. Mais, dans la réalité, l'enseignement est souvent loin de pouvoir tenir ce rôle, comme le montre l'histoire de Léa.

LÉA, *21 ans*. Étudiante en 3e année dans une des universités de langue française au Québec, Léa se destine à l'enfance inadaptée. Elle a accepté de participer à une recherche que nous menons sur l'espace imaginaire de l'enseignant. Les étudiants participant à cette recherche devaient, notamment, réaliser « le dessin de l'école réelle et de l'école imaginaire » (DEREI, H. Caglar). Voici les deux écoles dessinées par Léa, les récits les accompagnant et l'analyse qu'en fait l'adolescente.

L'école réelle

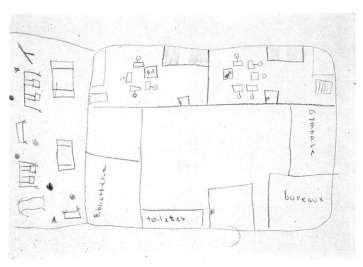

Le récit

« Le thème de ce récit est l'insatisfaction. Exemples : insatisfaction du plan parce qu'il est incomplet et mal calculé ; insatisfaction de la couleur qui est le noir et qui donne un air macabre au dessin.

« Il est difficile de trouver un thème se rapprochant de la vie scolaire, tels que : travail, jeu, récompense parce que cette école (et par le fait même le récit qui l'accompagne) est vide, sans vie. Pour conclure, je dirais que le sentiment dominant de ce dessin et du récit qui l'accompagne est très négatif et pessimiste. Il n'y a rien, à part ce qui est en dehors de l'école, qui donne une impression de joie et de bien-être. Même la cour de récréation est repoussante. Elle est délimitée par une énorme clôture qui ressemble à celle d'une prison. Elle a l'air froide et triste... Vide. »

L'école imaginaire

Le récit

« Ce qui ressort de ce récit est la compréhension et le bien-être entre les individus. La communciation élève-élève et professeur-élève y paraît comme étant un élément, sinon un élément essentiel. Les contacts avec l'extérieur ont l'air également importants. Exemples : les rideaux sont ouverts pour laisser entrer le soleil ; la cour de récréation est un parc rempli de jeux et de verdure. Pour conclure, disons que cette école ne diffère pas beaucoup de l'école réelle... Même si l'école imaginaire a plus de couleur[1] et a une cour de récréation attrayante, elle a

---

1. Elle est dessinée en violet, couleur qui traduit généralement des tensions conflictuelles.

l'air, tout comme l'école réelle, repliée sur elle-même. On dirait que ces deux écoles ne font pas partie intégrante de l'environnement. Elles forment un monde à part. Le fait que l'école imaginaire ressemble beaucoup à l'école réelle est dû à la difficulté que j'éprouve à m'imaginer une école qui n'aurait aucune forme d'oppression et qui serait totalement satisfaisante et ce, autant pour les élèves que pour les professeurs. »

Lorsque nous avons eu à analyser et à interpréter le DEREI de Léa, nous avons été d'emblée frappée par l'incapacité de l'adolescente à respecter la consigne. Ainsi, le dessin de l'école réelle est remplacé par un plan, éliminant par conséquent de la réalité scolaire personnages, plantes, c'est-à-dire toute vie. Dans le récit imaginé, nous relevons la projection massive des affects dysphoriques, dépressifs, des sentiments d'intolérable solitude, ainsi que l'infiltration de l'activité mentale par des préoccupations à tendance morbide confirmée par l'accumulation d'adjectifs tels que : macabre, sans vie, froid, triste, vide, pessimiste... L'école imaginaire, duplicata ou presque de l'école réelle, signe une difficulté à recourir à la fantasmatisation, mais laisse néanmoins transparaître l'expression de besoins affectifs profonds insatisfaits, et permet d'entrevoir quelques indices plus sthéniques : présence de personnages (réduits, il est vrai, à l'état de minuscules silhouettes « fil de fer », sans organe de communication), du soleil. Hélas ! la chute du récit atteste du retour des affects dépressifs.

Face à cette production graphique, nous avons jugé opportun de rencontrer l'étudiante. Léa vivait alors une relation très conflictuelle avec sa mère et son frère. Elle avait tenté de se suicider deux mois auparavant en absorbant des médicaments trouvés dans la pharmacie familiale mais aussi achetés à l'extérieur, profitant d'une sortie de ses parents et de son frère. Elle avait été transportée à l'hôpital pour un lavage d'estomac et n'avait, insiste-t-elle, « manqué l'Université que huit jours ». Actuellement, elle est très insatisfaite de ses résultats académiques qu'elle juge inférieurs à ceux qu'elle obtient habituellement, de sa participation aux cours et aux séminaires. Enfin, Léa nous apprend que le matin même de notre rencontre, elle a laissé une lettre sur le bureau de son père le priant instamment d'intervenir auprès de sa mère et de son frère car la situation « est redevenue *invivable* ». Et, effectivement, Léa reconnaît être de nouveau en proie à d'incessantes idées de suicide[2].

2. Léa a suivi une thérapie et aborde sa première année d'enseignement avec optimisme et confiance.

Nous avons essayé de connaître la perception que les professeurs avaient de Léa, à ce moment précis de sa scolarité. Nous n'avons interrogé que ceux qui avaient une relation plus étroite avec elle (donc une meilleure connaissance de l'étudiante) en raison du type même de l'enseignement dispensé : superviseurs de stage, professeurs de didactique dirigeant des petits groupes d'étudiants.

La responsable des stages nous présente Léa comme « une étudiante moyenne ». Sa note de stage est de 75 sur 100 et la moyenne du groupe est de 76,09 %. Bien qu'elle ait eu l'occasion de rencontrer Léa à différentes reprises, elle peut seulement nous dire que Léa a eu « des difficultés personnelles et que ça a été difficile pour elle à cause des conditions familiales ou quelque chose comme ça ». Elle éprouve alors le besoin de justifier la source de ses informations en précisant, avec un sourire gêné : « Je suis au courant de tout ça parce que ma sœur enseignait dans l'école où Léa effectuait son stage. » Apparemment, la responsable des stages n'a pas cherché à mieux connaître les difficultés rencontrées par Léa, ni à évaluer leurs éventuelles répercussions sur le travail de stage de l'étudiante, sur sa motivation scolaire. Par conséquent, elle a été incapable d'envisager le recours à un soutien pédagogique et psychologique qui aurait, sans nul doute, permis à l'étudiante de mieux affronter cette crise.

Quant aux autres professeurs, ils ont également centré leurs commentaires sur le rendement académique de Léa. Dans la réalité, tout se passe comme si les enseignants ne voyaient (ou ne s'autorisaient à voir) que l'étudiante, oubliant (ou refusant de voir) qu'elle est aussi une personne.

En résumé, la nature et la diversité des tâches éducatives, le lieu et la durée de leur exercice sembleraient concourir à faire de l'enseignant un aidant efficace et, peut-être, le premier à pouvoir intervenir auprès de l'adolescent suicidaire. Cependant, cette approche nous apparaît trop phénoménologique pour rendre entièrement compte de la situation, la dimension inconsciente en étant totalement évacuée. Un temps de réflexion sur la signification profonde du désir d'enseigner, sur les rapports de ce désir avec le désir ou la capacité d'aider l'adolescent suicidaire s'avère donc nécessaire afin de pouvoir répondre à cette question : le choix vocationnel de l'enseignant est-il aide ou obstacle à la relation d'aide à l'adolescent suicidaire [5] ?

Personne ne reste indifférent face à la mort, qu'il s'agisse de la sienne ou de la mort d'autrui. La mort de l'autre éveille peurs archaïques, culpabilité. Face à la mort de .l'Autre, l'homme, souligne A. Haim [15], se sent coupable de « voir se réaliser le désir de la mort de celui qui est un peu un ennemi ». Cette culpabilité de dimension œdipienne est étayée par des réactions très archaïques : lutte contre sa propre agressivité actualisée dans le désir de mort d'autrui et qui, soudain, fait prendre conscience à l'homme qu'il est lui-même porteur de la mort puisqu'il peut la désirer ; peur de la loi du talion qui, par un effet de boomrang, entraînerait sa propre mort. Enfin, face à la mort de son semblable, l'homme, par identification, ressent profondément qu'il est mortel. Pour se protéger contre l'angoisse que suscite la mort, l'être humain doit nécessairement construire un système de défense. Et c'est, précisément, ce système défensif qui va obérer la perception adulte de l'adolescence. L'adolescence ne peut être perçue dans sa réalité, c'est-à-dire comme période de deuil, de confrontation des désirs avec la réalité, de maturation incertaine et parfois douloureuse, de remaniements de la personnalité, mais seulement à travers le prisme plus ou moins déformant des stéréotypes défensifs de l'adulte. Ainsi, son besoin de se protéger contre la mort amène l'adulte à réduire l'image de l'adolescence à celle de la beauté, de la joie de vivre. Par son auto-agression, l'adolescent vient donc ébranler fortement la barrière défensive que l'adulte a si laborieusement mise en place et le confronte brutalement et inexorablement à sa propre vulnérabilité. Le suicidaire, explique A. Haim, anéantit l'espoir de ramener la mort à un accident et montre que l'homme porte en lui la tendance à la mort. Dès lors, le suicidaire est ressenti comme un tricheur qui ne respecte pas la règle du jeu. L'adulte face à l'adolescent suicidaire a le sentiment d'avoir été trompé et interprète facilement l'acte-suicide comme un moyen utilisé par le jeune pour le contrarier ou le blesser : la compréhension des raisons qui ont poussé l'adolescent à tenter de mettre fin à ses jours ne pourrait que saper son double système de défense contre l'adolescence et contre la mort. L'adulte ignorera donc volontiers ce geste d'auto-agression et agira comme si celui-ci n'avait pas été exécuté.

Par ailleurs, l'adulte, dans sa tentative de réduire la peur ressentie face à ce « futur égal » qui lui rappelle son propre déclin, va, dans un mouvement de réassurance, percevoir l'adolescent comme un être encore incapable de se diriger seul et qui a, par conséquent, besoin du soutien de l'adulte. Le geste suicidaire du jeune sera donc interprété par l'adulte comme une faille dans la protection qu'il devait lui assurer et engendrera malaise, culpabilité.

Si le suicidaire est un être cher, la complexité et l'acuité des sentiments éprouvés s'amplifieront encore. L'ambivalence qui accompagne la mort de tout être proche se doublera, ici, d'un certain ressentiment car, à travers son acte, le jeune signifie à ceux qui l'entourent qu'ils ont été incapables de le rendre heureux. Il leur dénie également les qualités de perfection et de toute-puissance qu'ils pouvaient prétendre posséder.

En résumé, tous ces stéréotypes défensifs rendent le geste suicidaire de l'adolescent insupportable à l'adulte et explique, en partie, le silence qui s'instaure lorsque l'intention d'un tel geste est verbalisée ou réalisée. Dans de telles conditions, peut-on attendre une aide efficace de la part de l'enseignant ?

L'adolescent, même inconnu, n'est jamais pour l'adulte un être neutre. Au contraire, rappelle A. Haim, il est sans exception un être cher, « au moins parce qu'il représente le lieu des projections de l'adulte. Il est toujours investi par celui-ci puisque porteur de ses stéréotypes ». Selon nous, à cet investissement relevé par A. Haim s'ajoute l'investissement lié à la position imaginaire qu'occupe l'enseignant dans le champ pédagogique.

L'analyse, à partir d'entretiens menés auprès de professeurs et d'élèves du secondaire, des positions respectives de l'enseignant et de l'enseigné dans la relation pédagogique amène J. Filloux [10] à conclure que l'enseignant ne peut se vivre que comme image parentale « bonne » distribuant soins et attention à ses élèves-enfants.

Selon J. Filloux, dans le champ pédagogique, le rapport au savoir fait du rapport pédagogique un rapport fondamental d'inégalité et, du même coup, structure le champ du groupe selon un rapport domination-soumission. Il semblerait donc naturel de justifier, sous le signe du principe d'autorité, le processus de communication du savoir. Mais les discours des enseignants montrent leurs difficultés, voire leur incapacité, à reconnaître et à accepter ce principe d'autorité. Le rapport d'inégalité de fait qui fonde le champ pédagogique ne parvient pas à légitimer le principe d'autorité, et rend nécessaire le recours à une légitimation de type personnel et irrationnel : l'enseignant ne peut se vivre comme celui qui possède, mais comme celui qui est don total de lui-même. C'est ce sacrifice qui justifie les droits du maître, mais aussi le devoir premier de l'élève, sa soumission. En prodiguant à ses élèves-enfants soins et dévouement, l'enseignant s'attend, en retour, à faire face à un groupe sans déviant, où n'existeront que des relations aconflictuelles, chaleureuses. Cet idéal de cohésion, système de défense par excellence contre l'agressivité, la séparation et l'angoisse de morcellement n'est autre, remarque J. Filloux, que l'illusion groupale décrite par D. Anzieu, expression essentielle d'une recherche de sécurité. De plus, l'enseignant ne peut concevoir les attentes des élèves à son égard qu'en termes exclusifs de besoins de dépendance. L'enseignant s'imagine que les élèves ont un besoin constant d'être soutenus, guidés, protégés... et qu'il est le seul à pouvoir satisfaire ces besoins. Le geste suicidaire du jeune pourra alors revêtir pour l'enseignant la significa-tion d'une faille dans la protection qu'il était censé devoir assurer à son élève-enfant. Dans ces conditions, il est permis de penser que face à l'adolescent suicidant (c'est-à-dire à l'adolescent qui a, effectivement, tenté de se suicider), l'enseignant risque fort de se sentir coupable, de se vivre comme image parentale « mauvaise » ou impuissante. Il court également le risque de se sentir blessé dans son narcissisme, parce que dépouillé par l'acte suicidaire de ses qualités de toute-puissance et de perfection. Il pourra aussi éprouver quelque ressentiment plus ou moins agressif vis-à-vis de celui qui s'arroge le droit de se retirer la vie malgré l'amour qu'il lui porte, trompant ainsi l'accord tacite établi entre l'enseignant et les enseignés. Dès lors, quel soutien pourra-t-il offrir au jeune pour éviter qu'il ne récidive ?

Par contre, face à l'adolescent suicidaire (c'est-à-dire qui a des idées de mort sans qu'il y ait eu passage à l'acte), l'enseignant pourra se sentir moins interpellé, le conflit Eros-Thanatos n'étant pas réactivé aussi vivement.

Naturellement, les enseignants peuvent aussi parvenir à la sublima-tion et être des aidants tout à fait adéquats face à l'adolescent suici-dant ou suicidaire, car il ne faudrait pas répartir leurs réactions de façon trop manichéenne par rapport à l'unique critère de la réalisation des idées de mort : en effet chacun de nous, confronté au problème du suicide d'un adolescent ou d'une tentative, va réagir selon sa pro-blématique personnelle, sa propre modulation de la dualité de ses ins-tincts de vie et de mort. La nécessité d'intervenir ou la demande d'aide qui lui est adressée peuvent être sources de gratification pour certains enseignants car elles vont lui permettre de tenir pleinement leur rôle de « bon » parent, de renforcer leurs attitudes de guide, de protecteur. D'autres, au contraire, dans ce double mouvement de pro-tection et de réassurance déjà signalé, pourront tenter de nier, plus ou moins radicalement, la situation réelle. Dans certains cas, ils pourront scotomiser les signes de détresse du jeune ; dans d'autres cas (plus par-ticulièrement lorsqu'ils devront répondre à une demande d'aide plus ou moins clairement exprimée), ils auront recours à certains méca-nismes de défense :

— l'intellectualisation, dans le but de maintenir à distance et de neutraliser les affects ;

— la rationalisation grâce à laquelle l'enseignant tentera de « donner une explication cohérente du point de vue logique, ou acceptable du point de vue moral, à une attitude, une action, une idée, un sentiment[3] ;

— le retournement des affects en leur contraire qui conduira au développement de sentiments opposés à ceux que le Moi de l'enseignant ne peut accepter ou maîtriser ;

— la négation : « Il n'est pas suicidaire, il est malade » ;

— la minimisation : « Ce garçon est seulement fatigué » ;

— la banalisation : « Tous les jeunes ont pensé à ça... tout va rentrer dans l'ordre » ;

— la défection : « Je n'ai pas répondu... j'ai continué à ranger mon bureau, en silence... »

Ces considérations de l'observation commune de l'importance de l'amitié et du groupe qui caractérise l'adolescence ont conforté nombre de spécialistes dans leur croyance que les jeunes en détresse confieraient plus volontiers leur projet de suicide à leurs camarades. En effet, ceux-ci posséderaient l'avantage de pouvoir entrer facilement en relation avec le monde des jeunes. Ils pourraient surtout tenir le rôle de support « disponible à merci » que réclame l'adolescent suicidaire. Alors que le thérapeute décourage toute tentative visant à instaurer une relation personnelle et exigera une motivation active, le conseiller-pair pourra répondre au grand besoin d'amitié de l'adolescent suicidaire, accepter l'installation d'une relation de dépendance et, ainsi, répondre au désir de sauvetage qui habite généralement le jeune suicidaire. Désir qui, simultanément, freine toute motivation active à un investissement psychothérapique [8, 4].

Quelques spécialistes en santé mentale, notamment aux États-Unis, ont élaboré des programmes de prévention des tentatives de suicide par les pairs en milieu scolaire [12, 30, 38]. Au Québec, un groupe de psychiatres a conçu une vidéo : « Dix-sept ans... la vie derrière soi », accompagné d'un guide d'animation, afin de sensibiliser les jeunes au phénomène suicidaire [22]. Cette vidéo montre l'intervention d'un groupe d'adolescents parmi lesquels œuvrent également une adolescente en proie à des idées suicidaires et une autre ayant déjà fait une tentative de suicide.

Mais, dans la réalité, qu'en est-il ? Quels sont les intervenants souhaités par les adolescents avec ou sans tendances suicidaires, ou qui ont

---

3. Définition tirée du *Vocabulaire de psychanalyse* de J. Laplanche et J.-B. Pontalis, Paris, PUF, 1968.

été effectivement choisis par ceux qui ont déjà pensé ou essayé de mettre fin à leur vie ?

Enquête sur les choix préférentiels de 200 adolescents suicidants, avec et sans tendances suicidaires

Un questionnaire anonyme rempli sur la base du volontariat a été remis par les titulaires de classe à 200 élèves fréquentant des établissements du cycle secondaire de Montréal choisis au hasard. Ces élèves âgés de 13-14 ans à 16-17 ans se répartissent entre les classes de la 2e à la 5e année du cycle secondaire. L'âge moyen est de 15 ans 2 mois et l'échantillon est composé de 45,5 % de filles et de 54,5 % de garçons.

La partie du questionnaire visant à cerner l'existence éventuelle d'une problématique suicidaire a été construite en s'inspirant du questionnaire utilisé par Tousignant *et al.* [4] dans son étude sur les comportements et idées suicidaires chez les cégépiens de Montréal[4].

Les réponses fournies à ces questions par les 200 adolescents de notre échantillon permettent de les classer en trois catégories :

Groupe I   Adolescents sans tendances suicidaires : 102, soit 51 % ;

Groupe II   Adolescents suicidaires (ayant pensé à se suicider rarement ou quelquefois ou souvent) : 72, soit 36 % ;

Groupe III   Adolescents suicidants (ayant déjà tenté de se suicider) : 26, soit 13 %.

Le graphique 1 visualise la répartition (en pourcentages) des adolescents par catégorie et par sexe.

---

4. Élèves de CEGEP (Collège d'enseignement général et professionnel).

Graphique 1
Composition de l'échantillon (en %) en fonction de la présence
d'une problématique suicidaire et selon le sexe

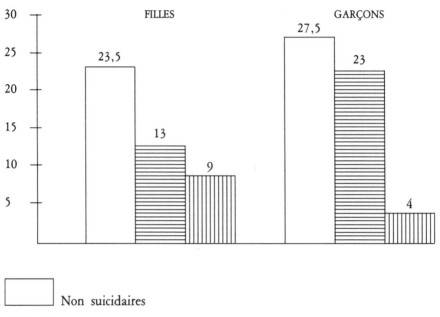

Non suicidaires

Suicidaires

Suicidants

Notre questionnement s'est situé à trois niveaux ;

1) Dans la situation de demande d'aide lors d'une crise suicidaire, à quel intervenant, selon les jeunes, l'adolescent en détresse devrait-il s'adresser ?

2) Existe-t-il des différences significatives entre les choix préférentiels des adolescents suicidants, suicidaires et sans tendances suicidaires ?

3) Existe-t-il chez les adolescents suicidants et suicidaires une concordance entre l'intervenant choisi au questionnaire et celui réellement choisi lors de la crise suicidaire ? Enfin, quelles ont été les réactions des intervenants choisis ?

Les choix préférentiels des adolescents au questionnaire

Ils ont été effectués à partir d'une liste d'intervenants que les adolescents devaient classer par ordre décroissant de préférence :

— parents (père ou mère),
— fratrie (frère ou sœur),
— grands-parents,
— professeur,
— camarade,
— personnel médico-psycho-social (psychologue, psychiatre, assistant(e) social(e), travailleur social),
— autres (préciser).

Le graphique 2 décrit la distribution des choix préférentiels (en pourcentage) pour l'ensemble des 200 adolescents.

Graphique 2
Répartition des choix préférentiels (en %) pour l'ensemble de l'échantillon

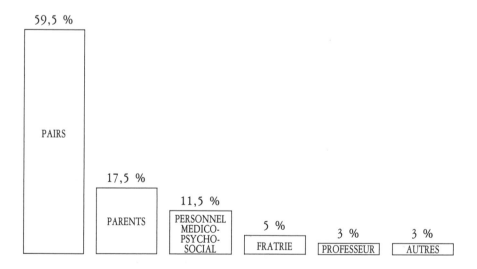

Les choix préférentiels se portent majoritairement sur les pairs, puisque 59,5 % des adolescents estiment que c'est à un camarade que le jeune en détresse devrait confier son intention de se suicider. Cependant, contrairement aux idées généralement admises, les étudiants du secondaire de notre étude se révèlent moins nombreux comparés aux cégépiens (70,4 %) et aux étudiants fréquentant le campus de l'Université de Montréal (74,3 %) à choisir un camarade comme confident. Ces écarts tiennent très certainement aux différences d'âge des sujets de ces trois échantillons : 15, 2 ans ; 18, 1 an ; 23, 2 ans. Plus jeunes, nos sujets sont aussi plus attachés à leur famille tant sur le plan économique (ils vivent généralement à l'intérieur de la cellule familiale) que sur le plan affectif, comme semblent le confirmer les pourcentages plus élevés des choix se portant sur un membre de la cellule familiale :

— père ou mère : 17,5 % pour les élèves du secondaire — 5,7 % pour les étudiants du campus ;
— frère ou sœur : 5 % pour les élèves du secondaire — 2,9 % pour les étudiants du campus.

Loin derrière les camarades, puisque choisis par 17,5 % seulement des adolescents, les parents occupent la seconde place sur la liste des choix. Nombreux sont les jeunes qui ont éprouvé le besoin d'ajouter une remarque à côté de la case « parents » qui n'a pas été cochée : « Jamais », « Surtout pas », « Sont pourris », « Les jeunes auraient trop de difficultés à leur parler », « S'ils sont compréhensifs ». Ces commentaires révèlent un rejet, parfois brutal, des figures parentales, mais aussi les difficultés de communication maintes fois mentionnées dans la littérature, la peur de ne pas être compris. A l'opposé, la confiance est souvent invoquée pour justifier le choix d'un camarade : « Parce qu'on peut parler plus ouvertement de son problème », « On est plus libre avec un ami à qui on peut se confier ». Quelques adolescents barrent le mot « camarade » et le remplacent par celui, plus significatif, d'« ami ». Enfin, un jeune qui a déjà fait deux tentatives de suicide « conseille » : « Ne pas appeler Suicide-Action Montréal, ça sert à rien, j'ai l'expérience. »

Pourtant, 11,5 % des adolescents pensent que c'est vers un « spécialiste » que devrait se tourner le jeune lors d'une crise suicidaire. Psychologue, assistant ou travailleur social se partagent les choix de ces vingt-deux adolescents, alors que le recours au psychiatre n'est recommandé que par un seul collégien qui explique son choix par « l'expérience bénéfique » qu'a été pour lui sa thérapie. Nous retrouvons ici la réticence de l'adolescent à consulter un psychiatre, réticence déjà signalée par S. Strong *et al.* [34] et par J. Choron *et al.* [8].

Enfin, les étudiants sont peu enclin à voir dans leur professeur l'image d'un confident susceptible de les comprendre et de les aider : six adolescents seulement sur les deux cents consultés le choisissent. Il est évident que les effectifs des classes souvent élevés, les découpages horaires ne favorisent guère les échanges élèves-professeurs. Cependant, nous ne pensons pas qu'il faille expliquer par ces seuls facteurs la faiblesse des choix recueillis. Elle s'explique plutôt par la perception, fort juste, que les étudiants ont du peu ou de l'absence de motivation des enseignants pour la prévention. En effet, les choix des soixante-six professeurs du secondaire qui ont accepté de répondre au même questionnaire se portent de façon prioritaire sur les parents (31,25 %), puis sur le camarade ou l'ami (28,12 %), et enfin sur le professeur (15,62 %). Selon ces enseignants, les principales émotions qu'ils ressentiraient, confrontés à une telle situation, seraient : tout d'abord la panique, la peur ou l'angoisse (65,62 %) et, l'accompagnant pour plus de la moitié des cas, un sentiment d'incapacité, d'impuissance (53,15 %). Pour beaucoup d'enseignants, le déni semble être le mécanisme de défense privilégié, comme en témoignent ces commentaires de deux professeurs.

« Je serais désarmée et inquiète. Au secondaire, je me demande si on a beaucoup d'adolescents suicidaires ? On en parle très peu. Chez moi, mes collègues m'ont dit : "Pourquoi remplis-tu ce questionnaire ? Il n'y a pas d'adolescents suicidaires..." »

« La prévention, je me demande si c'est bien notre affaire à nous, les enseignants ? C'est plutôt au "psy", au travailleur social de s'occuper de ça... »

Et cette interrogation répétitive qu'il convient de relever :

« Les jeunes qui pensent au suicide, sont-ils si nombreux que ça ? »

Étrange questionnement, alors que la presse québécoise parlée et écrite souligne, régulièrement, la progression des tentatives de suicide des jeunes.

Ces réactions défensives des enseignants, et la perception que les élèves ont de leurs professeurs en tant qu'intervenants éventuels, devraient retenir l'attention des spécialistes de la santé mentale. En effet, on doit s'interroger sur le coût psychique que serait pour les enseignants cette activité de prévention vécue comme une charge surmoïque, mais aussi sur l'efficacité de tels programmes si les professeurs (en raison du poids des motivations inconscientes au choix de la profession, notamment) dénient la problématique suicidaire juvénile ou affichent une forte réticence à l'égard d'une tâche qu'ils pensent ne pas relever de leurs fonctions.

143

Choix préférentiels et problématique suicidaire

Il nous a paru intéressant d'évaluer le poids de l'existence d'une problématique suicidaire sur le choix prioritaire effectué par les jeunes parmi les intervenants proposés:

TABLEAU 1
Choix prioritaire des adolescents suicidants et suicidaires
Comparaison avec le groupe témoin (en %)

Choix Camarade	Suicidants 76,92	Groupe témoin 47,05	x^2 7,42**
Choix Camarade	Suicidaires 70,83	Groupe témoin 47,05	x^2 9,72**
Choix Camarade	Suicidants 76,92	Suicidaires 70,83	x^2 N.S.

** Différence significative à .01.

L'existence d'une problématique suicidaire, qu'il y ait eu ou non passage à l'acte, exerce une influence incontestable dans le choix des intervenants. Plus des trois quarts des adolescents ayant déjà tenté de se suicider recommandent un camarade ou l'ami comme étant l'intervenant le plus adéquat. Les adolescents suicidaires sont un peu moins nombreux à effectuer ce choix (71 %), mais la différence ne les distingue pas des suicidants. Par contre, moins de la moitié des jeunes exempts de problématique suicidaire (47 %) recommanderaient un pair pour tenir le rôle de confident et de soutien.

Ces résultats vont à l'encontre de la croyance des spécialistes en santé mentale qui sont généralement convaincus que les jeunes disposeraient d'une plus grande capacité d'entrée en relation avec le pair suicidaire, d'une aptitude quasi naturelle à tenir le rôle efficace de support [4]. Or la moitié des adolescents du groupe témoin pense que ce rôle ne leur est pas dévolu, mais qu'il appartient plutôt aux parents et aux spécialistes. Ce résultat, au moment où les programmes de prévention par les pairs se multiplient dans les milieux scolaires, mérite réflexion. Il conviendrait de cerner (ce que nous tenterons de faire dans la seconde partie) les raisons de cette réticence.

Choix préférentiels et sexe

TABLEAU 2
Intervenants choisis par les deux cents adolescents
Répartition par sexe (en %)

Intervenants	Choix des adolescentes	Choix des adolescents	x^2
Camarade	67,03	53,21	3,93*
Parents	13,18	21,10	2,05
Intervenants médico-psycho-sociaux	15,38	8,25	2,75
Fratrie	3,29	6,42	1,01
Professeur	1 sujet	4,58	—
Grands-parents	—	—	—
Autres	—	6,42	—

* Significatif à .05.

Les filles sont plus nombreuses que les garçons à choisir les pairs. En effet, 67 % des adolescentes estiment que c'est à un camarade que le jeune en proie à des idées suicidaires devrait se confier, alors que 53 % des garçons adhèrent à ce même point de vue.

Une fraction des garçons a plutôt tendance à recourir au groupe familial : 21 % d'entre eux s'adresseraient aux parents et 6 % à la fratrie, alors que 13 % et 3 % seulement des adolescentes effectuent ces mêmes choix.

Les filles sont plus nombreuses (15 %), à peu près le double des garçons (8 %), à penser que la consultation d'un intervenant relevant du champ médico-psycho-social constituerait la meilleure solution.

Le graphique 3 rend compte, cette fois, de la comparaison inter-groupes et selon le sexe des choix préférentiels se portant sur les pairs (en %).

Graphique 3
Comparaison intergroupes et selon le sexe
des choix préférentiels (en %) se portant sur les pairs

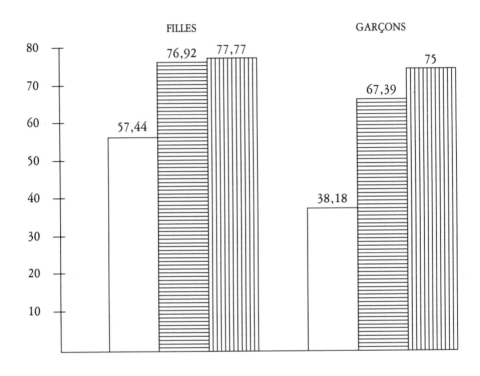

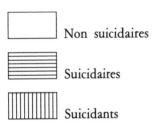

Non suicidaires

Suicidaires

Suicidants

Comme le montre le tableau 3, les choix préférentiels sont dépendants de la variable sexe.

TABLEAU 3

Comparaison des choix préférentiels des pairs (en %)
en fonction de la présence d'une problématique
suicidaire et selon le sexe

Filles suicidantes	77,77	x^2 : 2,29
Filles groupe témoin	57,44	NS
Filles suicidaires	76,92	x^2 : 2,76
Filles groupe témoin	57,44	NS
Garçons suicidants	75	x^2 : 3,84*
Garçons groupe témoin	38,18	
Garçons suicidaires	67,39	x^2 : 8,55**
Garçons groupe témoin	38,18	
Garçons suicidants	75	x^2 : 0,17
Garçons suicidaires	67,39	

* Significatif à .05.
** Significatif à .01.

A la lecture du tableau, nous voyons que les filles, indépendamment de l'existence d'une problématique suicidaire, choisissent de façon préférentielle les pairs. Par contre, les garçons exempts de problématique suicidaire sont moins portés (38 %) que ceux qui ont déjà attenté à leur vie (67 %) ou eu envie de le faire (75 %), à considérer leurs pairs comme des intervenants susceptibles d'aider un camarade en détresse. Ce choix préférentiel marqué des filles pour les pairs pourrait se traduire dans la réalité par un nombre plus élevé, déjà relevé par S. Tucker [37], d'adolescentes œuvrant dans la prévention des tentatives de suicide. Selon cet auteur, ce désir d'aider leurs camarades suicidaires s'expliquerait par la ressemblance existant entre elles et ce groupe de sujets. Les conseillers-pairs féminins et les adolescentes en proie à de faibles idéations suicidaires seraient issues de milieux familiaux assez semblables et posséderaient en commun certains traits de personnalité. De plus, les conseillers-pairs féminins posséderaient, comme les adolescentes à fortes idéations suicidaires, cette capacité de pouvoir aller chercher de l'aide soit auprès de leur famille, soit auprès de spécialistes.

147

Choix préférentiels des adolescents lors d'une crise suicidaire

Nous avons voulu savoir ce que deviennent ces choix lorsque les jeunes, dans la réalité, pensent au suicide, menacent de le réaliser ou, à l'extrême, passent à l'acte.

Presque 62 % (61,22 %) des adolescents suicidants et suicidaires reconnaissent avoir envoyé des signes de détresse à leur entourage.

Graphique 4
Comparaison (en %), selon le passage à l'acte suicidaire et selon le sexe, du nombre de suicidants et de suicidaires qui ont alerté leur entourage

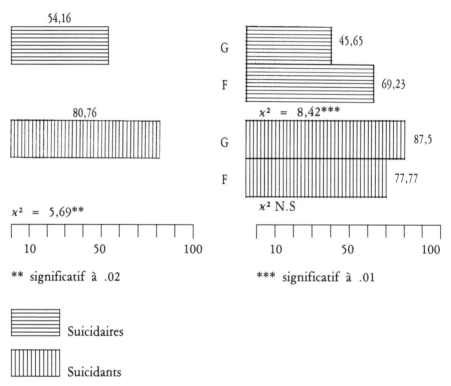

** significatif à .02

*** significatif à .01

Suicidaires

Suicidants

Le graphique 4 permet la comparaison, selon le passage à l'acte et selon le sexe, du nombre d'adolescents suicidaires et suicidants qui ont adressé des signes de détresse à leur entourage.

La moitié environ des suicidaires (54,16 %) dit avoir manifesté à l'entourage le malaise, la lassitude face à la vie, qui les habitent. Les garçons montrent une difficulté à communiquer leur détresse. Certains, sur les 46 % qui estiment l'avoir fait, sont incapables de décrire les signaux de détresse utilisés. La majorité le fait en termes brefs, laconiques, dénués d'affects.

— « *La déprime totale* »*(Adolescent, 14 ans.)*
— « *Des pleurs, un besoin d'intimité.* » *(Adolescent, 14 ans.)*
— « *Attirer l'attention.* » *(Adolescent, 15 ans.)*
— « *Écœuré de tout, vouloir tout lâcher.* » *(Adolescent, 16 ans.)*
— « *Parler négatif, jamais du lendemain comme si tout était fini.* » *(Adolescent, 16 ans.)*

Comparées aux garçons, les filles démontrent une plus grande capacité d'expression de la détresse qui les habite (69,23 %). Alors que les adolescents n'envoient qu'un seul signal de détresse, les adolescentes les multiplient. Dans 78 % des cas, la dépression (sous ses formes diverses) est évoquée. Le manque de confiance personnelle, la solitude sont aussi souvent présentées.

— « *J'étais tannée[5] de tout le monde. Je disais que je ne m'aimais pas, que j'avais aucune qualité.* » *(Adolescente, 14 ans.)*
— « *Je pleurais toujours, j'étais bête, j'étais pessimiste, je ne voulais voir personne.* » *(Adolescente, 14 ans.)*
— « *Je ne m'intéressais plus à rien. Je ne parlais plus à personne. Je pleurais souvent, je disais souvent que rien n'allait et que je trouvais plus aucun sens à la vie.* » *(Adolescente, 15 ans.)*
— « *Déprimée, sans goût pour rien. De mauvaise humeur.* » *(Adolescente, 16 ans.)*
— « *Un peu négative et je m'isolais des autres.* » *(Adolescente, 16 ans.)*
— « *Écrits, poèmes que je montrais.* » *(Adolescente, 17 ans.)*

Dans la comparaison suicidaires-suicidants, ces derniers sont beaucoup plus nombreux à avoir alerté leur entourage (81 %). Contrairement aux suicidaires, les garçons qui ont déjà attenté à leurs jours sont plus nombreux (87,5 %) que les filles (77,77 %) à avoir manifesté des indices de détresse. Mais devant l'imminence d'un passage à l'acte, l'influence de la variable sexe s'efface : le jeune, garçon comme fille,

---

5. Fatiguée, lasse.

adresse alors à son entourage des messages plus explicites ou communique clairement son intention de se suicider.

— « *Dépression, agressivité parfois violente, solitude.* » *(Adolescent, 15 ans.)*

— « *Je leur ai dit que j'allais me suicider.* » *(Adolescent, 15 ans.)*

— « *J'en ai parlé à mon meilleur ami, j'étais dépressif (down), j'étais bête et je m'étais séparé de ma gang.* » *(Adolescent, 17 ans.)*

— « *J'arrivais souvent gelée[6] et pactée[7], bien fatiguée. J'avais souvent des pilules sur moi, j'avais des marques sur les poignets.* » *(Adolescente, 14 ans.)*

— « *Je m'amusais avec des objets dangereux.* » *(Adolescente, 15 ans).*

— « *D'habitude, je suis gaie. Ce jour-là, j'étais triste et dépressive, et je parlais de la mort.* » *(Adolescente, 16 ans.)*

— « *Lassitude accrue, sensibilité à fleur de peau, grande détresse intérieure.* » *(Adolescente, 16 ans.)*

— « *Je veux partir loin. Tout le monde serait bien mieux sans moi. Je consommais des médicaments sans raison.* » *(Adolescente, 17 ans.)*

Ainsi, nous retrouvons chez les adolescents de notre étude les phénomènes observés par A. Porkorny [24] auprès d'adultes : un pourcentage relativement élevé de communications antérieures chez les suicidants, une fréquence proportionnelle à la gravité de la tentative de suicide.

Mais à qui ces signes de détresse, ces appels à l'aide sont-ils adressés ? Dans 80 % des cas, ils sont dirigés vers les pairs. Les suicidants (90,47 %) marquent, sans que cela les distingue des suicidaires (74,35 %), une préférence plus accentuée pour ce choix. Dans 22 % des cas, les appels sont adressés conjointement aux parents. Les adolescents suicidants sont deux fois moins nombreux (44 %) que les suicidaires (24 %) à diriger leurs signes de détresse vers leur père ou leur mère. Cela peut s'expliquer par les difficultés de communication, les conflits plus aigus qui caractérisent les familles des suicidants. R. Fieldsend et E. Lowenstein [9] ont étudié le déroulement des deux

6. Sous l'effet de la drogue.
7. Ivre.

jours qui précèdent une tentative de suicide médicamenteuse chez cent trois sujets. Ils relèvent dans 58 % des cas un événement pénible (dispute, infidélité, rupture) impliquant une figure significative de l'entourage du suicidant, généralement un membre de la famille nucléaire ou étendue, ou bien un ou une petite amie. Ce facteur déclenchant concerne 40 % des sujets âgés de plus de 36 ans, mais il est beaucoup plus fréquent chez les sujets plus jeunes puisque les auteurs le retrouvent dans 70 % des cas. Il est donc permis de penser qu'un événement pénible impliquant une figure parentale puisse être à l'origine de la tentative de suicide pour un certain nombre des suicidants de notre étude. Il serait alors compréhensible que ces jeunes n'aient adressé aucun appel à l'aide aux parents directement mis en cause. D'autre part, les réactions des parents lors de la communication antérieure d'idéation suicidaire pourraient aussi expliquer que les adolescents, déçus, persuadés d'être incompris se détournent des figures parentales lorsqu'ils décident, cette fois, de passer à l'acte. La perception que les jeunes suicidants ou suicidaires de notre étude ont de l'aide apportée par les personnes auxquelles ils ont adressé des signes de détresse semble appuyer cette explication.

Dans 50 % des cas, les suicidaires comme les suicidants ont clairement exprimé leurs idées de suicide ou leur intention de se suicider à un camarade et/ou à leurs parents. D'une manière générale, les comportements dépressifs, les manifestations de détresse, l'expression claire de l'intention suicidaire n'ont pas été perçus. Sur les vingt-deux adolescents qui ont exprimé sans ambiguïté leur désir de se retirer la vie, cinq ont pu bénéficier d'une écoute attentive ou d'une aide (18 %). En plus de l'adolescente suicidaire enceinte qui reconnaît avoir été aidée par l'infirmière de l'école (manifestement formée à la prévention du suicide), les quatre autres l'ont été grâce à l'action conjuguée des pairs et d'un frère ou d'une sœur. Pour tous ces cas, l'écoute de l'adolescent s'est révélée primordiale.

Selon les adolescents, les parents « paniquent » mais, surtout, recommandent de « ne pas penser à faire ça », que « ça n'en vaut pas la peine », que « la vie a des hauts et des bas » et que « c'est pour tout le monde pareil ». On croit entendre Jean Anouilh : « Mourir, mourir. Mourir, ce n'est rien. Commence donc par vivre. C'est moins drôle et c'est plus long. » (Roméo et Jeannette.)

Quant aux dix-sept autres adolescents choisis par leurs camarades suicidaires comme confidents, leurs réactions vont de la négation, la minimisation, à la défection et, en trois circonstances différentes, à des menaces de suicide collectif.

— « *Ils ont pris cela à la blague...* »
— *RIRES* !! *écrit en lettres majuscules un adolescent devant la case parents et camarade.*
— « *Mon meilleur ami l'a pris en riant...* »
— « *Bof nerveux* »
— « *T'es folle, fais pas ça, profite de ta vie.* »
— « *Ils ne m'ont rien dit.* »
— « *Rien... Les gens ne croient pas qu'on peut en arriver là...* »
— « *M'ont traité de fou. Ils m'ont dit que si je me suicidais, ils se suicideraient aussi.* »
— « *Mon meilleur ami. Il voulait se suicider avec moi.* »

Dans le domaine de la prévention des tentatives de suicide, la question qui se pose est de savoir si la communication de l'intention de se suicider est suivie d'un passage à l'acte réussi ou avorté ou si, au contraire, ces velléités suicidaires finissent par disparaître.

A. Porkorny [24] a effectué un suivi de quatorze ans et demi de patients après une tentative de suicide ou une menace de suicide. Il en arrive à la conclusion que les sujets qui communiquent à un moment de leur vie une idéation suicidaire représentent un groupe à risque létal particulier, assez semblable à celui représenté par les sujets ayant fait une tentative de suicide antérieurement, et notablement plus élevé que le risque observé dans la population générale. E. Robins *et al.* [25] relèvent aussi la fréquence de la communication de l'intention suicidaire chez les suicidés (69 %). Dans son étude, chaque suicidé avait adressé, en moyenne, trois, deux communications qui pouvaient revêtir des formes diverses : déclaration explicite et directe de l'intention de se suicider (41 %), déclaration allusive « fatigué de la vie » (24 %), expression du désir de mourir (22 %)...

Selon ces travaux, la communication d'une idéation suicidaire ou de l'intention de se suicider constituerait la pierre angulaire de la prévention des tentatives de suicide. Or d'après notre étude, les réactions de l'entourage (telles que perçues, soulignons-le, par les adolescents) à de telles communications, révélatrices d'une authentique souffrance ou annonciatrices d'un geste désespéré, ne semblent guère être de nature à aider la personne en crise. Les résultats de notre étude semblent rejoindre ceux de E. Robins *et al.* [25] qui relèvent dans l'entourage adulte un fort état de tension émotionnelle, un sentiment d'impuissance personnelle à prévenir l'acte, ou des mécanismes de défense rigides, obstacles à l'établissement ou au maintien d'une communication empathique.

Nous avons donc estimé utile, puisque la prévention par les pairs est de plus en plus prônée ou mise en œuvre, de préciser davantage le type de réactions émotionnelles que suscite chez les jeunes la communication par un pair de son intention suicidaire et, conjointement, le type de soutien que ces jeunes pourraient lui offrir.

L'ADOLESCENT SUICIDAIRE ET SES PAIRS

Réactions émotionnelles face à la communication par un pair de son intention suicidaire

Les réponses à la question ouverte invitant les adolescents à spécifier les sentiments qu'ils pourraient ressentir si un camarade venait à leur confier son intention de se suicider ont été traitées selon la méthode du thésaurus.

Le sentiment dominant est la peur (28 %), suivi par un sentiment de peine (17,5 %) et, à pourcentage presque égal, par la conviction d'être incompétent, impuissant face à un tel geste de désespoir (15 %).

A l'annonce de ce projet, 10 % des adolescents se sentiraient tristes et 7 % seraient surpris. Les adolescents qui reconnaissent ne pas comprendre leur camarade suicidaire sont peu nombreux (3 %), tout comme ceux qui le désapprouvent (3,92 %).

Mais les réactions émotionnelles sont-elles semblables chez les adolescents qui ont eux-mêmes songé un jour à se suicider, ou tenté de le faire, que chez les jeunes exempts de problématique suicidaire ? Le graphique 5 visualise la répartition des réactions émotionnelles à l'intérieur de ces trois groupes d'adolescents.

Graphique 5
Répartition à l'intérieur des trois groupes d'adolescents
des réactions émotionnelles (en %) classées par ordre décroissant

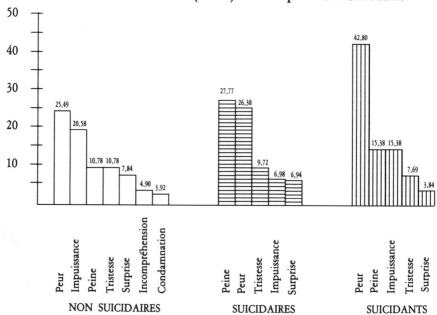

154

— *Les adolescents suicidaires* se distinguent des suicidants et des jeunes sans problématique suicidaire (tableau 4).

TABLEAU 4
Réactions émotionnelles des adolescents à la communication par un pair de son intention suicidaire (en %) [1]

	Suicidaires	Sans problématique suicidaire	x^2
Peur	26,38	25,49	NS
Peine	27,77	10,78	8,32[2]
Tristesse	9,72	10,78	NS
Impuissance	6,92	20,58	7,74[2]
Surprise	6,94	7,84	NS
Incompréhension	—	4,90	
Désapprobation	—	3,92	
	Suicidants	Sans problématique suicidaire	x^2
Peur	42,30	25,49	2,85 NS
Peine	15,38	10,78	NS
Tristesse	7,69	10,78	NS
Impuissance	15,38	20,58	NS
Surprise	3,84	7,84	NS
Incompréhension	—	4,90	
Désapprobation	—	3,92	
	Suicidaires	Suicidants	x^2
Peur	26,38	42,30	2,27 NS
Peine	27,77	15,38	1,57 NS
Tristesse	9,72	7,69	NS
Impuissance	6,92	15,38	2,44 NS
Surprise	6,94	3,84	NS
Incompréhension	—	—	
Désapprobation	—	—	

1. La question étant ouverte, les adolescents avaient la possibilité d'exprimer plus d'un sentiment.
2. Significatif à .01.

— La peine est le sentiment le plus ressenti (27 77 %). Comme le montre le tableau 4, ce sentiment les distingue de façon statistiquement significative des adolescents du groupe témoin (10,78 %), mais non des suicidants (15,38 %).
— La peur est aussi fréquente (26,38 %), souvent associée à la peine ou à la tristesse (9,72 %), mais elle ne revêt jamais l'ampleur

relevée chez les adolescents suicidants ou du groupe témoin. Les suicidaires de notre étude se contentent de la nommer, alors que les adolescents des deux autres groupes parlent souvent de « bouleversement », de « panique intérieure ». Il faut noter ici la composition de notre échantillon qui regroupe des jeunes présentant des idéations suicidaires de divers degrés. Il est permis de faire l'hypothèse d'une variation de la maîtrise de la peur, liée à l'intensité de l'idéation suicidaire (faible ou forte) et à son statut temporel (idéation actuelle, récente ou plus ancienne).

— Les sentiments d'incompétence, d'impuissance distinguent encore les suicidaires des jeunes qui ont déjà tenté de se suicider ou n'ont jamais pensé au suicide. Rares sont les adolescents suicidaires (6,92 %) qui se déclarent désarmés face à l'éventualité d'être choisis comme confidents et aidants potentiels par un camarade en détresse. Si un adolescent suicidaire sur quatorze se sentait incompétent, un adolescent suicidant sur six et un adolescent non suicidaire sur quatre seraient gagnés par un sentiment d'impuissance, placés dans cette même situation.

— *Chez les adolescents suicidants*, la peur est, de toute évidence, le sentiment dominant. Près d'un adolescent suicidant sur deux est envahi par la crainte de voir son camarade suicidaire réaliser le passage à l'acte qu'il a lui-même effectué dans le passé lors d'une crise semblable. Les réponses de certains jeunes laissent bien transparaître l'intensité de la peur ressentie ou le rappel douloureux de souvenirs.

— « *Tu CAPOTES*[8] », écrit en lettres majuscules un adolescent de 16 ans qui a déjà fait une tentative de suicide. « Ça m'est déjà arrivé qu'un ami m'a fait ça. Il ne faut pas être stressé en lui parlant, mais tu paniques intérieurement. Vrai, tu paniques. »

— « Un grand pincement au cœur car je sais ce que c'est penser à se suicider... T'as peur, t'es figé. »

— Le sentiment d'impuissance, corollaire de la peur, occupe la seconde place. Comme le montrent les exemples précédents, c'est certainement le poids plus lourd de cette peur, mais aussi le souvenir de leur propre tentative de suicide, qui expliquent que les suicidants sont deux fois plus nombreux que les suicidaires à ressentir un sentiment d'incompétence (15,38 %).

— La tristesse est également éprouvée et partage la seconde place avec l'impuissance à aider.

_____
8. Tu perds la raison.

— S'identifiant plus pleinement que les adolescents des deux autres groupes à leur camarade suicidaire, les suicidants sont les moins nombreux (3,84 %) à se déclarer surpris face à la confidence reçue.

— *Quant aux adolescents non suicidaires*, ils se distinguent des jeunes des deux autres groupes, soit par la fréquence de certaines réactions émotionnelles, soit par l'intensité de ces émotions.

— La peur (25,49 %) occupe la première place. Un adolescent sur quatre du groupe témoin (pourcentage à peu près égal à celui des suicidaires, moitié moins élevé que celui des suicidants) ressent cette même peur qui, chez eux, semble revêtir un caractère plus envahissant. Beaucoup d'adolescents non suicidaires se déclarent « bouleversés », « effrayés » par la révélation d'une problématique qui leur est étrangère.

— *« Je ne saurais plus quoi dire. Je serais bouleversée par cette idée. » (Adolescente, 14 ans.)*

« J'éprouve une grande peur car je suis sûre qu'il pourrait recommencer. » (Adolescente, 14 ans.)

— *« Je me sentirais comme si je serais obligée de l'aider. Que sa vie dépend de moi. Je me sentirais effrayée, triste et responsable. » (Adolescente, 15 ans.)*

— *« J'en serais bouleversée, c'est certain. (Et c'est sûr que je le prendrais au sérieux.) » (Adolescente, 15 ans.)*

« Effrayée, un sentiment de détresse. » (Adolescente, 15 ans.)

— Un sentiment d'impuissance accompagne ce désarroi. Bien que la peur soit beaucoup moins fréquente chez les non-suicidaires (25,49 %) que chez les suicidants (42,80 %), le sentiment d'incompétence est chez eux plus présent : 20,58 % contre 15,38 %. L'écart s'agrandit encore et devient statistiquement significatif dans la comparaison avec les adolescents suicidaires (20,58 % et 6,98 %), alors que la peur est un sentiment partagé par un nombre à peu près égal d'adolescents suicidaires et non suicidaires (26,38 % et 25,49 %). Ce sentiment d'incompétence s'explique aussi par le fait que ces jeunes se trouvaient confrontés à une situation qu'ils n'ont jamais expérimentée, mais qui est surtout une situation étrangère à leur âge, la mort étant généralement associée à la vieillesse ou à la maladie.

— L'incompréhension d'un tel geste de désespoir n'est jamais présente chez les jeunes qui ont déjà tenté de se suicider ou ont pensé à le faire, alors que 4,90 % des jeunes sans problématique suicidaire reconnaissent ne pas le comprendre.

— « *La peur. L'incompréhension de vouloir se suicider.* » *(Adolescente, 13 ans.)*

— « *Pourquoi ? Elle a la belle vie.* » *(Adolescente, 14 ans.)*

— « *Surprise, tristesse, incompréhension envers la personne.* » *(Adolescent, 16 ans).*

— La condamnation, parfois brutale, n'est relevée que chez les adolescents sans problématique suicidaire, surtout chez les garçons, dans une faible proportion (4 %).

— « *Je penserai qu'elle est stupide parce que le suicide n'est jamais une solution.* » *(Adolescent, 14 ans.)*

— « *Je vais trouver ça très stupide.* » *(Adolescent, 16 ans.)*

— La tristesse ressentie face à la détresse d'un camarade suicidaire n'est cependant pas étrangère aux adolescents exempts d'idéation suicidaire, puisque 10,78 % d'entre eux se déclarent affectés par un tel désespoir.

Attitudes d'aide face à la communication par un pair de son intention suicidaire

Les attitudes d'aide sont résumées dans le tableau 5.

TABLEAU 5
Attitudes d'aide préconisées par
l'ensemble des adolescents (en %)

Écoute, compréhension du problème	34,34
Dissuasion	35,35
« Lui parler »	14,64
Orientation vers un spécialiste	7,07
Sans réponse	3,53
Surveillance	3,50
Démonstration d'affection	2,50

Un nombre à peu près égal d'étudiants s'emploieraient, soit à convaincre leur camarade à renoncer à se suicider (35,35 %), soit à l'écouter pour mieux comprendre son problème (34,34 %).

Dans leurs tentatives de dissuasion, les adolescents s'appliqueraient surtout à « parler des belles choses de la vie », « des côtés positifs de la vie », « de tout ce qui est beau sur terre ». Qui ces jeunes cherchent-ils ainsi à rassurer ? Leur camarade ? Eux-mêmes ? La mise en relation des attitudes d'aide avec les réactions émotionnelles à l'annonce de l'intention suicidaire d'un pair laisse transparaître la réponse. Bien souvent, d'ailleurs, la verbalisation des émotions est impossible. Seul, le désir d'aider à tout prix est exprimé.

— *Adolescent sans problématique suicidaire, 16 ans* : « *Le convaincre que la vie est belle pour tout le monde.* »
Réactions émotionnelles : « *De la peine. Je serai bouleversé, découragé.* »

— *Adolescente suicidaire, 15 ans* : « *Lui parler en lui faisant voir les bons côtés de la vie. En lui rappelant les bons souvenirs.* »
Réactions émotionnelles : « *Il faut l'aider car il se sent délaissé.* »

— *Adolescente, sans problématique suicidaire, 17 ans* : « *Sortir avec la personne, lui faire voir de nouvelles choses, rire, danser. Parler de choses et d'autres pour lui enlever l'idée de suicide, mais pas parler de suicide.* »
Réactions émotionnelles : « *Je voudrais à tout prix l'empêcher.* »

La formulation ambiguë « lui parler », « parler avec lui », utilisée par 15 % des jeunes pour définir l'aide qu'ils apporteraient à leur camarade suicidaire reflète cette même attitude défensive d'évitement : s'approprier la parole pour éviter d'entendre la détresse, le désir de mourir de son *alter ego* et mieux juguler sa propre angoisse de mort.

— *Adolescent suicidant, 16 ans* : « *Lui parler. Parler, parler de la pluie et du beau temps.* »
Réactions émotionnelles : « *De peur, crainte qu'il le fasse. De hâte pour l'aider à lui enlever l'idée de se suicider.* »

La pesée de l'angoisse est si grande que certains adolescents (7,07 %) « conseilleront tout de suite » à leur camarade de s'adresser à un centre, à un spécialiste ou à un prêtre. D'autres (3,50 %) préféreront « ne pas le quitter d'une semelle » ou « le surveiller à l'œil », alors que certains seront incapables de nommer une attitude d'aide (3,53 %). En de rares occasions, le ton se fait un peu moralisateur risquant d'induire quelque culpabilité chez l'adolescent suicidaire.

— « *L'encourager à se prendre en main. Qu'il ne pense plus à cela à cause de ses problèmes car tout le monde a ses problèmes.* »
— « *Lui donner des exemples de personnes plus malheureuses.* »
— « *Lui expliquer que cela ne sert à rien, que pour les autres ce sera encore plus tragique.* »

En définitive, en réponse à la communication par un camarade de son intention d'attenter à sa vie, 64 % des adolescents ne pourraient mettre en jeu que des attitudes d'aide inadéquates, parce que parasitées par la peur que suscite l'expression du désir de mort du pair.

A l'opposé, un certain nombre de jeunes (34,34 %) s'avèrent tout à fait capables de réponses empathiques, d'attitudes d'aide de bonne qualité.

— « *Adolescente sans problématique suicidaire, 14 ans : « Lui parler, poser des questions. Surtout l'écouter, si c'est sérieux ou non.* »
Réactions émotionnelles : « *Peur qu'il le fasse vraiment.* »

— *Adolescent, idéation suicidaire, 16 ans :* « *Essayer de communiquer avec lui, le comprendre, l'aider à régler ses problèmes.* »
Réactions émotionnelles : « *De la peine.* »

— *Adolescente, sans problématique suicidaire :* « *Parler avec lui, comprendre son malheur, l'aider à le surmonter en trouvant des solutions à deux.* »
Réactions émotionnelles : « *De la révolte.* »

Dans la comparaison intergroupes, nous ne relevons pas d'attitude d'aide spécifique à l'un ou l'autre groupe d'adolescents.

Le désir d'amener l'adolescent suicidaire à renoncer à son projet, tout comme le désir de « le convaincre des belles choses de la vie » se retrouvent tant chez les adolescents suicidaires que non suicidaires : 36,11 % et 36,27 %. Les suicidants sont un peu moins nombreux à mettre ces attitudes en jeu (29,16 %), mais la différence n'est pas statistiquement significative ($\chi^2 = 0,87$ et $0,33$).

Les adolescents suicidaires sont les plus nombreux à témoigner d'une attitude d'écoute emphatique, d'une recherche commune de solutions : 41,66 %, suivis par les adolescents non suicidaires (30,34 %) et les suicidants (29,16 %), mais les différences ne sont pas statistiquement significatives (χ^2 = 2,35 et 1,18).

Nos statistiques sont descriptives et ne nous autorisent pas à faire un lien entre les réactions émotionnelles des adolescents et les attitudes d'aide préconisées. Néanmoins, il est intéressant de relever que ce sont les adolescents suicidaires, chez lesquels les sentiments de peur et d'incompétence étaient les plus faibles ou quasi inexistants et la compassion la plus fréquente, qui s'avèrent les plus nombreux à manifester des attitudes d'aide efficaces. C'était aussi, rappelons-le, les adolescents suicidaires qui étaient les plus nombreux à être convaincus de l'aide efficace que peuvent procurer les pairs à un camarade en proie à des idées suicidaires.

CONCLUSION : LA PRÉVENTION DES TENTATIVES DE SUICIDE DES ADOLESCENTS PAR LES PAIRS ?

Dans le domaine de la suicidologie juvénile, l'Organisation Mondiale de la Santé (OMS) distingue trois niveaux d'intervention : primaire, secondaire, tertiaire.

— « **La prévention primaire** vise à empêcher l'apparition du phénomène du suicide, qu'il s'agisse des actes ou des idées suicidaires. » Toujours selon l'OMS, « il est permis de croire que toute intervention destinée à améliorer la santé mentale des individus contribue à la prévention du suicide ».

Le Département de Santé Communautaire de Saint-Luc à Montréal a réalisé un programme de prévention primaire destiné aux adolescents qui, nous semble-t-il, atteint bien les objectifs visés par l'OMS [3]. Les activités proposées se répartissent en trois grandes catégories aux buts bien précis et différenciés :

1) Améliorer le mieux-être individuel de l'adolescent :

— en favorisant le développement du concept de soi chez l'adolescent ;
— en lui permettant d'acquérir la capacité à affronter les difficultés de la vie :

— en l'amenant à être responsable de son bien-être physique et mental.

2) Promouvoir un environnement favorable à la santé mentale de l'adolescent par :

— la sensibilisation des parents à l'importance de la vie familiale ;
— l'amélioration de la communication à l'intérieur des institutions scolaires ;
— l'apprentissage et/ou le développement de la communication entre les pairs ;
— l'incitation pour tous les jeunes à participer à la vie communautaire.

3) Informer l'entourage de l'adolescent par :

— l'information des parents et des enseignants quant au phénomène du suicide chez les jeunes ;
— la sensibilisation du milieu quant au dépistage des adolescents à risque suicidaire ;
— la formation des enseignants au dépistage des jeunes dépressifs ou en situation de crise ;
— l'information des parents quant aux symptômes d'idées suicidaires chez leurs enfants ;
— la sensibilisation des adolescents aux indices d'idées suicidaires chez leurs pairs ;
— le perfectionnement des intervenants dans le dépistage des jeunes suicidaires.

— **La prévention secondaire**, toujours selon l'OMS, est principalement centrée sur la résolution de la crise.

Elle consiste essentiellement à :

1) Dénouer la situation de crise suicidaire traversée par les adolescents.
2) Dépister les adolescents à risque et leur offrir une aide.
3) Empêcher le passage à l'acte suicidaire, « Crisis Intervention ».
4) Assurer la prise en charge immédiate et globale de la crise.

Il est évident que les interventions du niveau secondaire comportent souvent des dispositions propres au niveau tertiaire de prévention, puisqu'elles mettent en jeu des activités de suivi et des mécanismes de relance.

— **La prévention tertiaire**, enfin, vise une normalisation optimale pour les personnes qui s'avèrent incapables d'atteindre ou de retrouver un équilibre total. Les principaux objectifs de la prévention tertiaire pour parvenir à une normalisation optimale seront :

1) Prévenir et réduire le pourcentage de récidives.

2) Fournir aux suicidaires un suivi continu et de qualité.

3) Offrir aux proches concernés le soutien dont ils ont besoin.

4) Favoriser la recherche portant sur les différents aspects de la problématique suicidaire.

En suicidologie juvénile, les spécialistes adoptent souvent des positions divergentes dans le choix du niveau de prévention auquel il conviendrait, selon eux, de se situer. En France, C. Chabrol [7] fait une distinction entre la prévention primaire collective et la prévention primaire individuelle. En accord avec P. Moron, il préconise la prévention primaire collective et plus particulièrement l'information : « Un rôle majeur dans la prévention de la tentative de suicide avant la majorité revient aux milieux pédagogiques et médico-sociaux de l'enseignement. » Au niveau de la prévention individuelle, le rôle du médecin praticien et des enseignants dans le dépistage des états présuicidaires est, selon C. Chabrol, tout aussi essentiel. Au Canada, le sociologue L. Boldt soutient que « les meilleures informations dont nous disposons à l'heure actuelle font ressortir la nécessité de déployer des efforts plus énergiques en vue de reconnaître les groupes à risque élevé et d'entrer en contact avec eux ». Beaucoup d'intervenants ont donc pensé que la voie la plus efficace consistait à rejoindre les jeunes dans le lieu même où ils passaient la majorité de leur temps, c'est-à-dire dans l'institution scolaire. Des programmes de prévention tout d'abord destinés aux enseignants puis, de plus en plus souvent, aux étudiants ont donc été implantés. A l'opposé, d'autres spécialistes, œuvrant généralement en psychiatrie juvénile, adoptent des positions plus nuancées, parfois opposées. Ainsi, comme le lecteur aura pu le remarquer au début de cet ouvrage, F. Ladame exprime d'importantes réserves quant à l'efficacité réelle d'une prévention primaire des tentatives de suicide.

Face à ces divergences, aux interrogations toujours présentes, quels enseignements apportent les résultats de notre enquête ?

Certains de nos résultats confirment les doutes de F. Ladame quant à l'efficacité de la prévention primaire, tout au moins d'une prévention primaire totalement prise en charge par les enseignants. Tout d'abord, parce que les adolescents, qu'ils soient suicidants, suicidaires ou exempts de problématique suicidaire, ne reconnaissent pas dans leur professeur l'adulte auprès duquel le jeune en détresse pourrait se confier et recevoir le soutien qui lui permettrait de surmonter la crise qu'il traverse. Mais aussi parce que l'intention ou le geste suicidaire de l'adolescent interpelle trop fortement l'enseignant dans sa propre position par rapport à la mort. La barrière défensive qu'il a érigée pour maîtriser son angoisse de mort va être renforcée et pourra conduire à cette cécité, déjà mentionnée par F. Ladame, face à des indices présuicidaires manifestes et, par conséquent, à l'inefficacité des programmes de prévention. Dans notre enquête, l'angoisse ressentie par les enseignants est si envahissante qu'elle aboutit souvent à un déni de la réalité du suicide des jeunes au Québec, alors que le suicide se classe au second rang parmi les causes de décès, après les accidents de véhicules moteurs. D'autre part, ce déni est si fort que les programmes de prévention par les pairs dirigés par les enseignants sur lesquels nous avons eu à nous prononcer, à titre de consultante, se caractérisaient par l'évacuation régulière de l'éventualité d'un suicide réussi et, par conséquent, par l'absence de soutien offert au jeune pair-aidant qui se trouverait confronté à cette douloureuse et difficile situation.

Pourtant, ces constatations ne justifient pas, à nos yeux, l'abandon des programmes de formation des enseignants à la prévention des tentatives de suicide des adolescents. Présentés dans un esprit tel que les professeurs puissent se sentir libres de refuser d'y adhérer sans pour autant se sentir coupables ou d'accepter d'y participer, ces programmes présentent un triple avantage :

— ils favoriseraient l'amélioration (et, dans certains cas, l'établissement du dialogue enseignants-enseignés ;
— ils permettraient aux professeurs d'être sensibilisés non seulement à « l'itinéraire présuicidaire » qu'empruntent certains jeunes, mais aussi aux indices de dépression et de dépressivité qui s'expriment si clairement dans la sphère scolaire. Cette reconnaissance du malaise de l'adolescent permettrait à l'enseignant de jouer le rôle efficace de relais en orientant, à temps, le jeune vers un service spécialisé ;
— enfin, ils permettraient aux professeurs, désireux et capables d'adhérer à un programme de prévention des tentatives de suicide plus poussé, de s'associer aux intervenants psycho-sociaux constituant l'équipe chargée d'encadrer et de soutenir les pairs-aidants, dans leurs interventions préventives en milieu scolaire. C'est à ce niveau que se situe très certainement l'apport le plus bénéfique des enseignants dans

la prévention des tentatives de suicide des jeunes. Mais c'est aussi à ce niveau que se pose la question fondamentale : la prévention des tentatives de suicide des adolescents par les pairs en milieu scolaire est-elle possible ? Et, si oui, à quelles conditions ?

Les résultats de notre enquête corroborent ceux des études antérieures portant sur des adolescents plus âgés, et confirment aussi l'opinion, généralement admise par les spécialistes en santé mentale, à savoir, la tendance des jeunes à confier leur intention suicidaire à un camarade.

Mais ces résultats révèlent aussi la nécessité d'établir une distinction entre adolescents suicidants, avec et sans tendances suicidaires. En effet, la présence d'une problématique suicidaire, son degré de gravité, notamment le passage à l'acte suicidaire, introduisent des différences, souvent significatives, dans la perception que les adolescents ont du rôle qu'ils ont à jouer dans la prévention des tentatives de suicide.

Tous ne sont pas prêts à tenir ce rôle. De plus, la nature et le degré d'intensité des émotions le plus souvent ressenties (frayeur, angoisse, sentiments d'impuissance et d'incompétence...) et les attitudes défensives qu'elles suscitent, rendent nécessaires quelques précautions actuellement trop souvent absentes dans la plupart des programmes de prévention par les pairs, tout au moins au Québec :

— une attention particulière lors du recrutement des pairs-aidants. Le désir d'aider ne devrait pas être le seul élément à prendre en considération. Il serait souhaitable que les candidats à la prévention des tentatives de suicide puissent remplir un questionnaire, semblable à celui utilisé par M. et D. Samuels [30], afin de permettre aux responsables de mieux cerner les motivations de ces jeunes, leur estime de soi, leur maniement de l'agressivité, leur perception de leur capacité d'écoute, de la confiance qu'ils inspirent à leurs camarades. De même, une rencontre individuelle préliminaire avec les responsables de formation devrait être offerte ;
— un allongement de la durée de formation. Dans les programmes actuellement en cours, la durée de formation varie entre dix et douze heures, ce qui nous semble tout à fait insuffisant. Si la connaissance de la personnalité de l'adolescent suicidaire, de ses environnements familial et social, des indices présuicidaires s'avère indispensable, la formation personnelle du pair-aidant l'est tout autant. La prise de conscience de ses motivations à la prévention, de ses attitudes contre-transférentielles, l'acquisition de techniques d'écoute active et d'aide devraient être au cœur d'une formation centrée sur la personne de l'intervenant. Les jeux de rôles, les laboratoires de cas concrets, la méthode de

micro-counseling de A. Ivey, notamment, pourraient être de précieux instruments de formation ;

— enfin, une supervision régulière et de qualité.

Nous pourrions alors espérer voir se multiplier des témoignages semblables à celui que nous a livré cette adolescente de 14 ans :

« Ils (camarades) m'ont parlé et écoutée. Ils m'ont aussi réconfortée et m'ont encouragée à voir les bons côtés de la vie et toutes les joies que cela rapporte. J'ai fini par les découvrir et j'ai réussi à écarter les nuages qui me cachaient le soleil et la vie.

J'ai maintenant un "chum"[9] et tout s'est rétabli. Je ne crois plus avoir des pensées aussi morbides car je suis maintenant heureuse. Je ne veux plus retomber dans les ténèbres de la mélancolie, c'est trop affreux.

Si je peux faire quelque chose pour aider les autres à s'en sortir, cela me ferait très plaisir, car je sais trop bien ce que c'est. C'est grâce à des amis sincères que je m'en suis sortie. Heureusement ! »

RÉFÉRENCES BIBLIOGRAPHIQUES

[1] ADAMS K.S., BOUCKOMS A., STREINER D., « Parental loss and family stability in attempted suicide », *Arch. Gen. Psychiatry*, 39, 1982, p. 1081-1985.

[2] BAGLEY C., GREER S., « Black suicide ». A report of 25 English cases and controls. *Journal of Social Psychology*, 86, 1972, p. 175-179.

[3] BEDARD G., FILION G., « Programme de prévention du suicide chez les adolescents », Département de Santé communautaire, Saint-Luc, Montréal, 1985.

[4] BORGES S.M., SEIGEN R.H., « Rescuers and the rescued ». National Institute of Mental Health Grant FO1-MH5482B, Unpublished manuscript, Berkeley, University of Colombia.

[5] CAGLAR H., « Le désir d'enseigner et le désir d'aider l'adolescent suicidaire sont-ils compatibles ? », *Apprentissage et socialisation*, 9 (1), 1986, p. 9-16.

[6] CAZULLO C.L., BALESTRI L., GENERALLI L., « Some remarks on the attempted suicide in the period of adolescence », *Acta Paedopsychiatrica*, 35, 1968, p. 373-375.

[7] CHABROL H., *Les comportements suicidaires des adolescents*, Paris, Presses Universitaires de France, 1984.

---

9. Petit ami.

[8] CHORON J., *Suicide*, New York, Scribner's, 1972.

[9] FIELDSEND R., LOWENSTEIN E., « Quarrels separations and infidelity in the two days preceding self-poisoning episodes », *Brit. J. Medical Psychology*, 54, 1981, p. 349-352.

[10] FILLOUX J., *Du contrat pédagogique*, Paris, Dunod, 1979.

[11] FRIEDMAN R.C., CORN R., HURT S.W., FIBEL B., SCHULICK J., SWIRSKY S., « Family history of illness in the seriously suicidal adolescent : a life-cycle approach », *Amer. J. Orthopsychiatry*, 54 (3), 1984, p. 390-397.

[12] FRIEDRICH M., MATUS A.L., RINN R., « A interdisciplinary supervised student program focused on depression and suicide awareness ». Paper presented at the annual meeting of the National Association for Workers (New Orleans, janvier-février 1985).

[13] GARFINKEL B.D., FROESE A., HOOD J., « Suicide attempts in children and adolescents », *Amer. Psychiatry*, 139 (10), 1982, p. 1257-1261.

[14] HAIDER I., « Suicidal attempts in children and adolescents », *British Journal of psychiatry*, 114, 1968, p. 1113-1114.

[15] HAIM A., *Les suicides d'adolescents*, Paris, Payot, 1970.

[16] HENDIN H., « The psychodynamics of suicide », *Journal of Nervous and Mental Diseases*, 136, 1963, p. 236-244.

[17] JACOBS J., TEICHER J.D., Thirteen adolescent male suicide attempts, *Journal of American Academy*, 13 (2), 1968, p. 139-149.

[18] JACOBS J., *Adolescent suicide*, New York, Wiley-Interscience, 1971.

[19] LAUFER M., « Psychopathologie de l'adolescent et objectifs thérapeutiques », in *La psychiatrie de l'adolescence aujourd'hui*, Paris, Presses Universitaires de France, 1986, p. 61-86.

[20] LEBLANC G., « 1 000 suicides par année au Québec », in *L'autre manière de mourir. Plus.* Montréal, *La Presse*, 26 octobre 1985.

[21] LITMAN R.E., TABACHNIK N.D., « Psychoanalytic theories of suicide », in *Suicidal behaviors : diagnosis and management*, Resnik, HLP, Boston, Little Brown, 1968.

[22] MARTIN R., PLANTE M.C., TREMBLAY P.H., « 17 ans, la vie derrière soi ? Prévention du suicide chez l'adolescent », Guide de l'intervenant, Centre de communication en santé mentale de l'Hôpital Rivière-des-Prairies, Montréal, 1986.

[23] MINTZ R.S., « Basic considerations in the psychotherapy of the depressed suicidal patient », *Amer. J. Psychotherapy*, 25, 1971, 56-72.

[24] POKORNY A.D., « A follow-up study of 18 suicidal patients », *Amer. J. Psychiatry*, 122, 986, p. 1109-1116.

[25] ROBINS E., MURPHY G.E., WILKINSON R.H. Jr, GASSNER S., KAYES J., « Some clinical considerations in the prevention of suicide based on a study of 134 successfull suicides », *Amer J. Public. Health*, 49, 1959, p. 888-889.

[26] ROPSCHITZ D.H., OVENSTONE I.M. « A two year's survey on self agressive acts, suicides, and suicidal threats in the Halifax districts », *International Journal of Social Psychiatry*, 14, 1968, p. 165-187.

[27] ROSENBAUM M., RICHMAN J., « Suicide : The role of hostility and death wishes from the family and significant others », *American Journal of Psychiatry*, 126, 1970, p. 1652-1655.

[28] ROSS M.W., CLAYER J.R., CAMPBELL R.L., « Parental rearing patterns and suicidal thoughts », *Acta Psychiatr. Scand.*, 67, 1983, p. 429-433.

[29] SABBATH J.C., « The role of parents in adolescent suicidal behaviors », *Acta Paedopsychiatrica*, 38, 1971, p. 211-220.

[30] SAMUELS M., SAMUELS D., *The complete handbook of peer counseling*, Miami, Fiesta Publishing Corp., 1975.

[31] SANBORN D.E., SANDBORN C.J., CIMBOLIC P., « Two years of suicide : a study of adolescent suicide in New Hampshire », *Child Psychiatry and Human Development*, 3, 1973, p. 234-242.

[32] SNAKKERS J., LADAME F., NARDINI D., « La famille peut-elle empêcher l'adolescent de se suicider ? », *Neuropsychiatrie de l'enfance et de l'adolescence*, 28, 1980, p. 393-398.

[33] STANLEY E.J., BARTER J.T., « Adolescent suicidal behavior », *Amer. J. Orthopsychiatr.*, 40 (1), 1970, p. 87-95.

[34] STRONG S., HENDEL D.D., BRATTON J.C., « College students's views of campus help-givers : Counselors, advisors and psychiatrists », *Journal of Counseling Psychology*, 18, 1971, p. 234-238.

[35] TEICHER J.D., « Children and adolescents who attempts suicide », *Pediatric Clinic of North America*, 17, 1970, p. 687-696.

[36] TISHLER C.L., MCHENRY P.C., CHRISTMAN MORGAN K., Adolescent suicide attempts : Some significant factors. *Suicide and Life-Threatening Behavior*, 11, 1981, p. 86-92.

[37] TUCKER S.J., CANTOR P., Personality and status profiles of peer counselors and suicide attempters. *Journal of Counseling Psychology*, 22 (5), 1981, p. 423-430.

[38] YUSIN A., SINAY R., NIHIRA K., Adolescents in crisis : Evaluation of a questionnaire. *American Journal of Psychiatry*, 129, 1972, p. 574-577.

INDEX DES SUJETS TRAITÉS

— position schizo-paranoïde : 63, 64, 70.
Principe de plaisir : 71.
Projection : 63.
Psychanalyse : 65.
Psychopathologie : 59, 73.
Psychosomatique : 64.
Puberté : 69.

Rakoff, V. : 62.
Réglementation sociale : 60-62.
Régression : 73.
Religion : 61.
Relation d'objet : 63-65.
Relations sexuelles : 73.
Réparation : 63, 64, 68, 73
Représentation collective : 61.
Représentation mentale : 64.
Représentation verbale : 64-65.
Restitution concrète : 63, 65, 73.
Rey, H. : 64.

Scott, W.C. : 64.
Segal, H. : 64.
Sexualité génitale : 65, 67.
Sociologie : 60-62.
Spiritualité : 68.
Suicide :
— et adolescence : 59.
— altruiste : 61.
— anomique : 61, 71.
— égoïste : 61.
— fataliste : 61.
Symbole (formation du) : 65.
Symbolisation : 63-65.

Temporalité : 67-70.
Tentative de suicide : 72.
Théorie kleinienne : 62-63.
Transformation : 64, 68.

Chapitre quatre

Ackerly, W.C. : 92.

Bagley, C.R. : 96.
Barter, J.T. : 95.

Caplan, G. : 81, 82.
Cognition : 77.
Cohen-Sandler, R. : 96.
Évaluation : 84-88.
— des facteurs situationnels : 85-86.
— familiale : 88.
— individuelle : 86-87.

Greer, S. : 96.

Hôpital de Montréal pour Enfants : 78, 96,
Hospitalisation : 78, 90.

Intention suicidaire : 83.
Intervention de crise : 78, 79, 81, 88-91.
— notes théoriques : 81-84.
— et risque élevé : 90, 91.
— et risque faible : 90, 91.
Intervention psychosociale : 90.
Intervention thérapeutique : 81.

Langsley, D.G. : 81.
Liaison (consultation-liaison) : 95.

McIntire, M.S. : 95.
Mort (désir de) : 77.

Pfeffer, C.R. : 83, 92, 93.
Pronostic : 95-96.
Psychopathologie : 88.

Rabkin, R. : 82.
Récidive : 84, 95.
Richman, J. : 92, 94, 98.

Sabbath, J.C. : 93.
Shneidman, E.S. : 77.
Suicide : 79-81.
— menace : 83.
— psychopathologie et risque de : 86, 88.
— risque suicidaire : 85-86.
— tentative : 77.

Teicher, J.D. : 80, 91.
Thérapeute (caractéristiques) : 83.
Thérapie :
— familiale : 92-94.
— (de) groupe : 94.
— individuelle : 91-92.
— (et) suivi : 95-96.
Toolan, J.M. : 83.
Traitement : 88-95.
Travail d'équipe : 95

Yarvis, R.M. : 79

Chapitre six

INDEX DES CAS CLINIQUES

L'ENFANT A L'HÔPITAL
   La thérapie par le jeu.
   Ivonny Lindquist.

L'ENFANT DE TROIS A SIX ANS (2ᵉ édition)
   Ses besoins, ses intérêts, ses problèmes.
   Pour une prévention précoce.
   Ouvrage collectif sous la direction d'Hélène Stork.

L'ENFANT DÉFICIENT MENTAL POLYHANDICAPÉ (2ᵉ édition)
   Quelle réalité, quels projets.
   Ouvrage collectif.

L'ENFANT ET SA MAISON
   Ouvrage collectif sous la direction de Michel Soulé.

LES ENFANTS DES COUPLES STÉRILES
   Sous la direction de W. Pasini, F. Béguin, M. Bydlowski,
   E. Papiernik.

FRÈRES ET SŒURS
   Ouvrage collectif sous la direction de Michel Soulé.

LES GRANDS-PARENTS DANS LA DYNAMIQUE DE L'ENFANT
   (3ᵉ édition)
   Ouvrage collectif sous la direction de Michel Soulé.

L'INTERNAT AUJOURD'HUI (2ᵉ édition)
   Fernand Cortez.

L'INSÉMINATION ARTIFICIELLE HUMAINE
   Un nouveau mode de filiation.
   Didier David et Marie-Odile Alnot, Philippe Granet, Catherine
   Labrusse, Gabrielle Ségur-Sémenov.

LE JEUNE HANDICAPÉ ET SA FAMILLE
   L'apport de la psychiatrie de l'enfant.
   Ouvrage collectif.

MÈRE MORTIFÈRE, MÈRE MEURTRIÈRE, MÈRE MORTIFIÉE
   (4ᵉ édition revue et mise à jour)
   Ouvrage collectif sous la direction de Michel Soulé.

LES MÈRES CÉLIBATAIRES DÉMUNIES
   Modes d'aide psychologique et sociale
   Roland-Ramzi Geadah.

LES MODES DE GARDE DES ENFANTS DE 0 A 3 ans (4ᵉ édition)
   Ouvrage collectif.

LE NOUVEAU ROMAN FAMILIAL
ou On te le dira quand tu seras plus grand.
Ouvrage collectif sous la direction de Michel Soulé.

LE PLACEMENT FAMILIAL (3e tirage)
Techniques et indications.
Michel Soulé, Janine Noël et François Bouchard.

LE PLACEMENT FAMILIAL
De la pratique à la théorie.
Myriam David.

POUR UNE RÉFORME DE L'AIDE SOCIALE A L'ENFANCE
(3e tirage)
Texte du rapport Dupont-Fauville et documents.

QUAND ET COMMENT PUNIR LES ENFANTS ?
Ouvrage collectif sous la direction de Michel Soulé.

LES RELATIONS ET LES INTERACTIONS DU JEUNE ENFANT
Étude éthopsychologique de son développement.
Jean Le Camus.

LA SALLE D'ATTENTE
« Clinique » et espace méconnus
Ouvrage collectif sous la direction de Michel Soulé.

LE SECRET SUR LES ORIGINES
Problèmes psychologiques, légaux, administratifs.
Pierre Verdier, Michel Soulé et collaborateurs.

LES SOIGNANTS A RISQUES
Dans les interactions en faveur de la petite enfance.
Ouvrage collectif sous la direction de Michel Soulé.

LE SUICIDE DE L'ADOLESCENT (2e édition)
Étude épidémiologique.
Françoise Davidson et Marie Choquet.

Catalogue complet sur demande

ACHEVÉ D'IMPRIMER EN AVRIL 1989
SUR LES PRESSES DE CORLET, IMPRIMEUR, S.A.,
14110 CONDÉ-SUR-NOIREAU (FRANCE) — NUMÉRO D'ÉDITION : 1711 ED 1511
DÉPÔT LÉGAL : AVRIL 1989 — NUMÉRO D'IMPRESSION : 13455

Imprimé en C.E.E.